基于创新素养培育的初中物理跨学科实践学习

徐 颖 / 著

U1016010

湘潭大学出版社
XIANGTAN UNIVERSITY PRESS

版权所有 侵权必究

图书在版编目（CIP）数据

基于创新素养培育的初中物理跨学科实践学习 / 徐颖著. -- 湘潭 : 湘潭大学出版社, 2025. 5. -- ISBN 978-7-5687-1745-8

Ⅰ. G633.72

中国国家版本馆 CIP 数据核字第 2025FC3186 号

基于创新素养培育的初中物理跨学科实践学习

JIYU CHUANGXIN SUYANG PEIYU DE CHUZHONG WULI KUA-XUEKE SHIJIAN XUEXI

徐颖 著

策划编辑：罗 联
责任编辑：罗 联
封面设计：李 平
出版发行：湘潭大学出版社
社 址：湖南省湘潭大学工程训练大楼
电 话：0731-58298960 0731-58298966（传真）
邮 编：411105
网 址：http://press.xtu.edu.cn/
印 刷：长沙创峰印务有限公司
经 销：湖南省新华书店
开 本：710 mm×1000 mm 1/16
印 张：12.25
字 数：204 千字
版 次：2025 年 5 月第 1 版
印 次：2025 年 5 月第 1 次印刷
书 号：ISBN 978-7-5687-1745-8
定 价：68.00 元

前言

当今世界风云变幻，国际竞争日趋激烈，其实质是科技竞争，背后是人才竞争，更是人的创新力的竞争。世界各国都把科技创新和创新人才培养上升到国家战略。在这样的背景下，全方位培育青少年的创新素养是每个教育工作者的职责使命。本书基于建构主义学习理论、活动理论、多元智能理论等教育学理论，尝试系统建立创新素养培育的教学理论、教学模式和实践方案。通过初中物理跨学科实践学习，滋养学生的创新人格，发展学生的创新思维，提高学生的创新实践能力，培育学生的创新素养。

本书分为理论研究、模式开发与实践研究三个部分。

理论研究部分致力于研究创新素养及初中物理跨学科实践的基木原理，旨在系统建立基于创新素养培育的初中物理跨学科实践学习的基本理论。一是界定了创新素养的内涵特征。二是明确了初中物理跨学科实践的学科属性。三是厘清了创新素养培育和初中物理跨学科实践学习的适切性。

模式开发部分全面探讨了基于创新素养培育的初中物理跨学科实践学习的教学设计。一是细化了初中物理跨学科实践学习的内涵。二是明晰了基于创新素养培育的初中物理跨学科实践的教学设计原则。三是探讨了基于创新素养培育的初中物理跨学科实践学习的教学实施条件。四是确定了基于创新素养培育的初中物理跨学科实践学习的教学要素。五是建立了基于创新素养培育的初中物理跨学科实践学习教学路径。

实践研究部分旨在研究培育学生创新素养的实践方案。一是探索了初中物理跨学科实践学习中培育学生创新素养的教学措施。二是开发了基于创新素养培育的初中物理跨学科实践学习教学案例。

本书借助初中物理跨学科实践学习这一教学载体,为培育学生创新素养拓展了实践路径。基于创新素养培育的初中物理跨学科实践学习是一个崭新的课题,本书无论是理论的提出、模式的创建,还是实践的探索,都尚处于起步阶段,书中难免有瑕疵纰漏,恳请读者批评指正。

徐　颖

2024年岁末于聊城

目 录

第一章 绪 论

第一节 研究背景

一、培育创新人才——时代发展的召唤

当今世界风云变幻，国际竞争日趋激烈，其实质是科技竞争，背后是人才竞争，更是人的创新力的竞争，世界各国纷纷把科技创新和创新人才培养上升到国家战略。党的十九大报告提出，到2035年，我国要基本实现社会主义现代化，经济和科技实力大幅度提升，跻身创新型国家前列。这是实现中华民族复兴梦的关键一步。党的二十大报告进一步强调，必须坚持科技是第一生产力、人才是第一资源、创新是第一动力，深入实施科教兴国战略、人才强国战略、创新驱动发展战略。

“创新是一个民族进步的灵魂，是一个国家兴旺发达的不竭动力，也是中华民族最深沉的民族禀赋。在激烈的国际竞争中，惟创新者进，惟创新者强，惟创新者胜。”在习近平总书记关于建设创新型国家的论述指引下，中共中央、国务院在2016年5月印发的《国家创新驱动发展战略纲要》指出：“要让创新成为引领发展的第一动力，要推动教育创新，改革人才培养模式，把科学精神、创新思维、创造能力和社会责任感培养贯穿教育全过程。”为了落实科教兴国的发展战略，各地教育部门纷纷制定了培育学生创新力的举措，如山东省教育厅在2021年12月发布了《关于加强新时代学生创新素养培育体系建设的意见》。全方位培育青少年的创新素养，已成为国家战略，是全面贯彻党的教育方针，践行素质教育，落实立德树人根本任务的时代所需。

二、培养创新素养——达成立德树人目标的有效措施

为了落实党的教育方针，正确回答“培养什么样的人、怎样培养人、为谁培养人”的教育根本问题，更好地完成教育目标，我国启动实施新时代立德树人工程。2014年，教育部在《关于全面深化课程改革落实立德树人根本任务的意见》中提出，建立学生发展核心素养体系，明确学生应具备的适应个人终身发展和社会发展需要的必备品格和关键能力。2016年9月，发布中国学生发展核心素养。在中国学生发展核心素养中，实践创新是六大素养之一，在核心素养中处于重要地位。随着2017年普通高中课程标准和2022年义务教育课程标准的颁布，以及新版本教科书的发行，培育学生的创新素养已成为我国当前重要的育人目标，是切实开展素质教育、深化教育领域综合改革、进一步提高教育质量、培育学生核心素养、达成立德树人目标的必由之路。

面对教学与评价方式单一的教育难题，我国已深刻认识到课业负担过重阻碍了学生素养的发展。2021年7月，中共中央办公厅、国务院办公厅发布《关于进一步减轻义务教育阶段学生作业负担和校外培训负担的意见》，简称“双减”。“双减”政策的本质就是摒弃靠延长学习时间、增加练习强度等苦干苦学换取学习质量的做法，切实减轻学生负担，培育学生素养。《关于进一步减轻义务教育阶段学生作业负担和校外培训负担的意见》提出，着力构建优质教育体系，强化学校教育主阵地作用，通过优化教学方法、加强教学管理，提高学生在校学习效率。在实施“双减”政策的教育背景下，迫切需要将减少课业负担与提升学生素养的育人目标一致化。在初中物理教学中开发符合物理学科特质的跨学科实践课程，将教学重点由“做题”转变为“解决问题”，改变传统的教学方式和评价方式，提高学生解决问题的实践本领，培育学生的创新素养，是落实“双减”政策、实现“减量提质”的有效举措。

三、开展跨学科实践学习——新课程标准的要求

物理学作为重要的自然科学，对学生认识客观世界、发展科学思维、提升核心素养起到重要的作用，但在传统应试教育思想的影响下，物理教学方

式较单一，虽然近年来探究式教学已经成为物理课堂的主流，但是学生经历的探究过程往往是按照教师设定好的步骤进行，为了探究而探究，程序化痕迹严重，对学生创新意识的激发和创新能力的提升作用有限。

2014年，教育部颁布的《关于全面深化课程改革落实立德树人根本任务的意见》中提出，要发挥学科间综合育人功能，开展跨学科主题教学活动，将相关学科的教育内容有机整合，提高学生综合分析问题、解决问题的能力。2019年，国务院办公厅印发的《关于新时代推进普通高中育人方式改革的指导意见》中指出，注重加强课题研究、项目设计、研究性学习等跨学科综合性教学。2019年，中共中央、国务院印发的《关于深化教育教学改革全面提高义务教育质量的意见》中强调，探索基于学科的课程综合性教学。

在以上教育方针的指引下，《义务教育课程方案和课程标准（2022年版）》最亮眼的变化就是优化了课程内容，要求各学科用不少于10%的课时设置跨学科主题学习活动，增强了课程的综合性、实践性和创新性。按照新版课程方案的要求，《义务教育物理课程标准（2022年版）》（以下简称“新课标”）增加了“跨学科实践主题”作为课程内容，将物理学与日常生活、工程实践和社会发展紧密关联，旨在真实情境中发展学生跨学科应用知识的能力、分析解决问题的能力和实践创新的能力。基于新课标的内容要求，在初中物理教学中开展跨学科实践学习，可以打破传统物理教学的局限，既是教学内容的更新迭代，更是学习方式的深度变革，是塑造学生创新人格、发展学生创新思维、提高学生创新实践能力的有效途径。

四、在初中物理跨学科实践中培育学生的创新素养——实现师生共同发展的需求

作为自然科学的基础，物理学是人类在好奇心和求知欲的驱使下对自然界不停观察、思考、探索的智慧结晶，是人类坚持不懈与自然世界、社会生活关联互动的产物。物理学取得的成就开拓了人们对物质世界的认识，推动了人类社会的进步。同时，作为人类探索未知、揭示真理、改造社会的有力工具，物理学的一些研究范式和科学方法已经发展成为哲学观和方法论，

成为推动人类进步的思维方式和精神财富。物理课程不仅要让学生知晓并灵活运用科学家总结、提炼的知识，更重要的是，让学生学习科学家认识世界的思维方式和研究方法，并在学习中付诸实践，从而帮助学生创造性地开拓全新领域的研究。因此，物理课程的教学目标应定位在促进学生的终身发展上。具体来说，既要有扎实的基本知识作基础，又要有科学的思维和科学的方法作工具，更要有科学的态度与责任作指引。为实现育人目标，需要教师采用智慧化的教学手段和创造性的教学方式。作为物理学的启蒙教育，初中物理教学在激发学生兴趣、帮助学生掌握科学研究方法、促进学生创新能力提升等方面起到重要的作用。在初中物理教学中探索跨学科实践的教学方式，目的就是更好、更全面地发挥物理学科的育人价值，促使学生形成创新人格、发展创新思维、提升创新实践能力，为学生深入学习奠定良好基础，为学生的未来发展提供无限可能。

在初中物理跨学科实践中培育学生的创新素养，于学生而言获得了创新素养的全面提升，于教师而言获得了教学能力的全面提升。一是在教学理念上，通过跨学科实践教学，教师将明确教育目标和学科定位，从“育分”转变为“育人”；二是在能力结构上，跨学科实践教学对教师提出了更高的要求，教师不仅需要具备物理学科相关的知识、技能和教育教学方法，还需要具备其他学科知识及综合能力，同时能整合各学科知识，组织更高质量的教育教学活动；三是在团队协作上，跨学科实践教学需要不同学科的教师协作，充分利用不同学科教师的专业特长，融通合作，解决现实问题。

由此可见，在初中物理教学中开展跨学科实践学习，既可以培育学生的创新素养，又可以提升教师的专业技能，是一种促进教师和学生共同发展的教与学的方式，是实现师生共同发展的需求。

第二节 研究意义

随着新课标的颁布实行，培育学生的核心素养已成为重要的育人目标。作为核心素养的重要组成部分，创新素养的培育利国、利民、利于学生发展，但培育学生的创新素养缺乏可借鉴的教学理念、教学思路和培育路径。

初中物理教学长期以来面临着实验设施落后、实验教学不受重视、课业压力过大、学习方式单一的教学窘境，极大地制约了学生创新素养的发展。如何在教学时间、实验设施有限的条件下，通过改变教与学的方式培养学生的创新素养？笔者认为，基于物理学科实践性、生活性、育人性的特点，可以通过开展跨学科实践学习，改变初中物理教师的育人理念，激发初中物理教师的教学热情，助力物理教学的正向发展。同时，通过跨学科实践学习可以激发学生学习的积极性、主动性和创造性，在解决真实问题的过程中培育创新素养。

一、理论意义

第一，丰富创新素养培育方法论，为创新素养培育的教学实践提供借鉴。本研究以初中物理跨学科实践学习为育人载体，探索创新人格形成策略、创新思维发展策略、创新实践开展策略，丰富了创新素养培育的方法论，为创新素养培育的教学实践提供了借鉴。

第二，完善初中物理跨学科实践学习方案设计理论，为初中物理跨学科实践教学提供教学资源。根据新课标的要求，跨学科实践不仅是物理课程的重要学习内容，更是重要的学习方式。本研究积累了初中物理跨学科实践学习方案的设计经验和学习素材，为初中物理跨学科实践教学提供了教学资源。

第三，通过初中物理跨学科实践学习培育学生的创新素养，为“减负增效”提供全新的教学思路。将物理学习与日常生活、社会发展、工程实践相联系，与其他学科，如数学、化学、生物、地理等进行融合，开展跨学科实践学习，让学生采用多学科的知识、技能、方法来解决现实问题，从根本上改变了学习方式与评价方式，在提高学生创新素养的同时，有效达成了“减负增效”的育人效果。

二、实践意义

第一，探索指向创新素养培育的初中物理跨学科实践课程开发策略，促进物理课程标准的有效落实。作为课程标准中新增加的课程内容主题，跨学科实践教学是一个全新事物。跨学科实践是什么？为什么要进行跨学科实践教学？怎样开展跨学科实践学习？这些问题的解答对于一线教师具有重要意义。本研究探索指向创新素养培育的初中物理跨学科实践学习课程开发策略，为一线教师提供教学借鉴，促进了物理课程标准的有效落实。

第二，通过初中物理跨学科实践的案例研究，为教师提供创新素养培育的有效策略。通过对创新素养的内涵进行界定，提出初中物理跨学科实践中培育学生创新素养的教学措施，帮助教师正确地认识育人理念，科学规范地进行跨学科实践学习的设计、实施和评价，探索培育学生创新素养的有效策略，提升教师的专业素养，提高育人效果。

第三，通过初中物理跨学科实践学习培育学生的创新素养。初中物理跨学科实践学习具有突出的跨学科性、情境性、实践性和创新性。本研究基于初中物理核心概念和生活中的真实问题设计学习项目，指导学生综合运用多学科知识、方法、工具、思维方式进行独立研究和学习，在实践中培育学生的创新素养，促进学生核心素养的发展。

本研究围绕初中物理跨学科实践进行课例开发，探索基于创新素养培育的初中物理跨学科实践教学模式，期盼能为新课标落地提供实践路径，能为学生学习“减负增效”提供崭新的学习方式，能为物理教师培育学生创新素养提供参考案例及经验借鉴。

第三节 国内外研究现状

一、关于创新素养的研究

国外关于创新素养概念、评价、课程开发的研究由来已久。19世纪70年代，英国心理学家高尔顿在《遗传的天才》中提出了创造性可以遗传的观点，并从遗传学角度阐述了创造性的构成。市川龟久弥在《创造性研究的方法》中首次把定性和定量相结合的研究方法用于创造性分析领域。吉尔福特是现代创新能力研究的代表人物,他对创造性才能和思维展开研究,开发了发散思维测试,同时提出了智力三维结构模型,概括了创造力构成的两大指标:创造性人格和创造性思维。奇克森特米哈伊提出,创新素养不是与生俱来的,而是在主观因素和客观因素的共同作用下不断发展的,也就是说,创新素养是可以不断发展、持续培养的。还有一些成熟的创新教育模式,如吉尔福德的问题解决模式和奥斯本的创造性问题解决模式等。

面对信息时代和知识社会的挑战,世界各国纷纷把科技创新和创新人才培养提升到国家战略层面,出台了一系列政策措施。比如,美国先后发布《科学与国家利益》和《技术与国家利益》两份报告,日本陆续出台了《科学技术基本计划》,德国联邦和各州政府批准了“顶尖科研资助项目”以及《研究和创新协定》。发达国家都力求通过实施创新发展战略,提升国家综合实力。

我国从21世纪开始进入创新素养研究的高潮期。林崇德是创新教育领域的领军学者,他在《培养和造就高素质的创造性人才》中提出,创造性人才应具备五种智力特点,创造性人才的培养和造就,要靠创造性教育,有创造性教育,才有人的创造力的成长和发挥。胡卫平针对科技活动的特殊性,研究青少年科学类创造力的结构模型及表现,设计了青少年科学创造力测试量表。该量表从产品设计、材料应用、功能设计、技术方法和科技想象五个维度进行测验,具有较高的信度和效度。北京师范大学中国教育创新研究院与美国21世纪学习联盟开展合作,提出了21世纪核心素养5C模型,其中,创新素养是5C模型的重要维度,此研究将创新素养提升到了全新的高度。宋清阁提出,创新能力的培育要与实践相结合,不同的外部资源、不同的学校、不同素质的学生个体应设计个性化的实践方法,这样可以有效提高学校人才的创新能力。向玉青以课题研究为载体,探索了高中学生创新素养和实践能力培育的途径,建构了学生独立思考、自主探索、敢于质疑、勇于创新的自主发展课程体系。

习近平总书记多次提出关于建设创新型国家的重要论述。2016年5月，中共中央、国务院印发的《国家创新驱动发展战略纲要》指出："要让创新成为引领发展的第一动力，要推动教育创新，改革人才培养模式，把科学精神、创新思维、创造能力和社会责任感的培养贯穿教育全过程。"各级教育主管部门积极行动起来，进行创新人才培养。2021年12月，山东省教育厅发布《关于加强新时代学生创新素养培育体系建设的意见》，为加快培育具有创新素养的人才，从指导思想、总体目标、基本原则、重点任务、组织实施五个部分提出了建议，强调要把创新素养培育全面融入课堂和各类实验活动，以学生学习为中心、以创新思维训练为重点，积极倡导问题式教学、情景式教学、任务式教学、主题式教学、跨学科教学等教学方式，为培育学生的创新素养提供了新思路。

在中国知网以主题"创新素养"进行检索，检索文献总数为7613篇(检索时间:2024-12-01)。"创新素养"研究论文数量的年度变化如图1.1所示，由图可见，"创新素养"研究论文的数量呈逐年上升趋势，自2016年起呈现迅猛增长态势。"创新素养"研究论文的主题分布如图1.2所示，现有研究主要集中在"核心素养""创新素养""创新能力""素养培育"等方面，而"培养策略""培育途径"等实践研究较少。"创新素养"研究论文的学科分布如图1.3所示，由图可见，现有研究主要集中在中等教育领域，而作为学生素养养成的关键时期——初等教育领域占比较少，仅占17.05%。

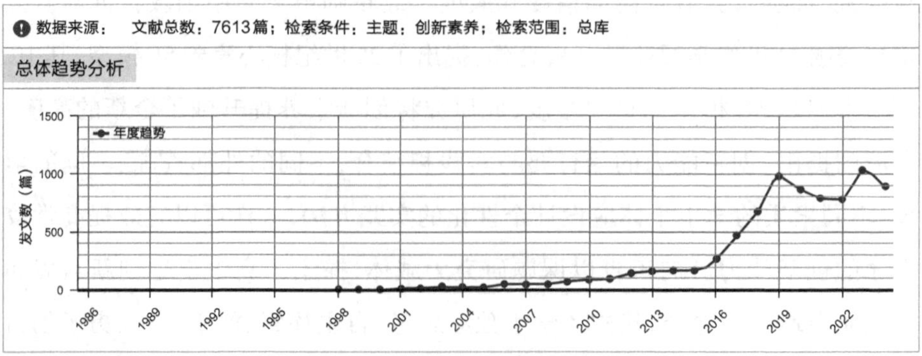

图1.1 中国知网"创新素养"研究论文总体趋势

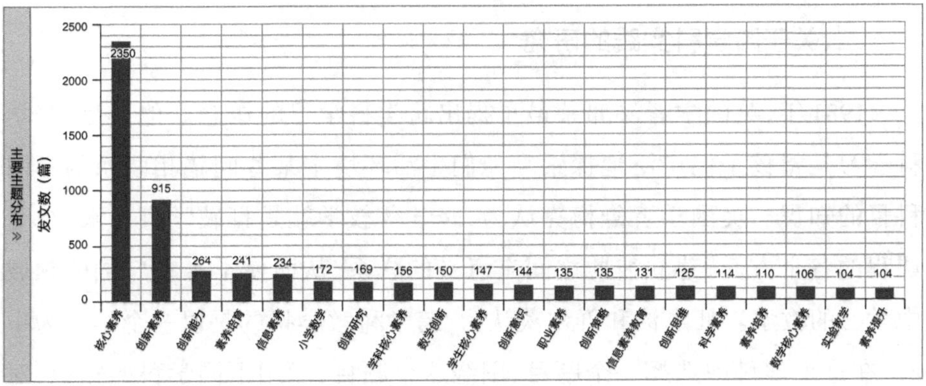

图 1.2 中国知网“创新素养”研究论文的主题分布

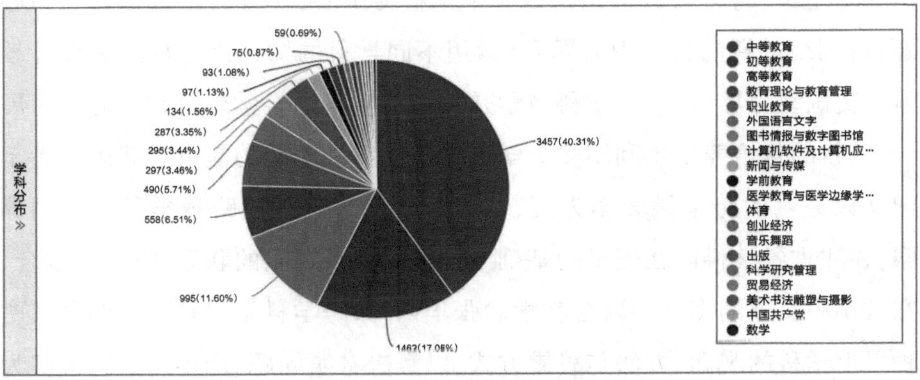

图 1.3 中国知网“创新素养”研究论文的学科分布

综上，作为核心素养的重要组成部分，创新素养研究在国内外越来越受到重视，出现了很多创新素养组成结构、创新素养培育策略、创新素养评价标准等研究成果。各国对创新素养的需求已达成共识，由此开展了各种教育尝试。但是我们也看到，目前关于创新素养培育的研究大多数以大学生、高中生为主要研究群体，或是以北上广等发达地区的中学生为研究对象，普通地区义务教育阶段培育学生创新素养的研究较少，最突出的问题是，缺少在学科教学的课程层面实施创新素养培育的研究，极大影响了课程教学对创新素养培育应发挥的价值。基于此，本研究以初中物理课程教学为突破口，在实际教学中探索培育学生创新素养的途径和策略。

二、关于跨学科实践的研究

1981年,英国学者汉弗莱最早提出跨学科学习的概念。他认为,跨学科学习是指孩子们广泛地探索与他们生活环境中某些问题相联系的不同科目的知识。美国学者舒梅克认为,跨学科教学就是打破学科界限,组合课程的各个方面,建立彼此之间有意义的联系,从而使学生在广阔的领域中学习的教学。杜惠洁和舒尔茨认为,跨学科教学指的是以一个学科为中心,在这个学科中选择一个题目,围绕这个题目,运用不同学科的知识,对所指向的题目进行加工和教学设计。德国在教学大纲中对跨学科教学作出如下定义:跨学科教学是指以一个学科为中心,在学科中选择一个中心题目,围绕选择的这个中心题目,运用不同学科的知识进行加工和设计教学。美国教育界认为,跨学科教学是指多门学科的教学融合在一起同时展开,其目的是培养学生利用多个学科视角来解决问题的能力。我国学者于国文以芬兰的跨学科教学为例,认为跨学科教学是指跨越学科之间的界限,在注重各学科内在逻辑的基础之上建立学科之间的联系,将学科整合,在教学中实施的多学科融合教学。张华认为,跨学科学习是整合两种或两种以上学科的观念、方法与思维方式,以解决真实问题、产生跨学科理解为目标的课程与教学取向。

美国的STEM教育是跨学科实践的始祖。1986年,美国国家科学委员会发表了《本科的科学、数学和工程教育》报告,提出将科学(Science)、技术(Technology)、工程(Engineering)和数学(Mathematics)进行跨学科整合的建议,极大促进了美国高层次人才创新能力的提升。2008年,在STEM四要素中加入了第五个要素——艺术(Art)。综合五个要素的STEAM教育思想强调要用基于问题式的课堂学习替换传统的课堂学习。新理念下的课堂学习注重培养学生联系实际生活的能力、解决问题的技能和应用型技术才能,以及广阔的想象力和创新思维。2011年,美国发布《K-12科学教育框架:实践、跨学科概念和学科核心概念》,提出了科学学习的三个维度:实践、跨学科概念和学科核心概念整合。2013年,发布了《新一代科学教育标准》,对跨学科实践的教学实施做了进一步完善，并将实践改为科学工程实践。至此，美国的跨学科实践学习已发展成熟。

英国的跨学科教育已成为主流。2014年，英国教育部颁布的国家课程标准中，将生物、化学和物理有效整合成为科学学科，使学生在学习基础概念、建立基本观念的过程中，激发好奇心和求知欲，培育科学思维和创新能力。在社会实践体系中，英国开设了“设计与技术”学科，学生运用多学科知识去设计并制造产品，旨在培养学生的动手能力和创新能力，培养学生的批判性思维。

近年来，澳大利亚的跨学科教育迅猛发展。墨尔本理工大学的瑞德教授从社会经济发展的角度对以STEM思想为指导的跨学科实践教学进行了分析，以此说明其对国家创新能力和经济增长的促进作用。昆士兰科技大学的迈克尔·贝里教授提出了著名的PBL(项目式学习)的跨学科学习模式。澳大利亚教育委员会于2015年发布《STEM学校教育国家战略2016—2026》，提出将数学、科学及信息技术进行跨学科整合，澳大利亚跨学科教育进一步发展。

我国对跨学科的研究起步较晚。1984年，国务院通过了《关于科学工作的六条方针》，首次提到“交叉学科”的有关问题。刘仲林的《跨学科学导论》为国内首部跨学科专著。该书论述了跨学科的定义、跨学科思维、比较、类比等问题。在2016年颁布的《全民科学素质行动计划纲要实施方案(2016—2020年)》中明确提出：鼓励开展跨学科探究活动。《教育信息化“十三五”规划》中进一步提出要求：积极探索信息技术应用于跨学科学习、创客教育等新的教育模式，提升学生的信息素养、创新意识和创新能力，发挥信息化面向未来培养高素质人才的支撑引领作用。2022年，新版义务教育课程标准发布，众多学科将跨学科实践作为教学内容。

近年来，深圳、江苏、成都等地出台了相关政策文件，积极推进跨学科实践教学，跨学科理论研究成为教育热潮。通过中国知网对“跨学科实践”相关主题进行文献检索，统计出近年来“跨学科实践”相关主题的研究成果，如

表1.1所示。可以发现，发文量呈现逐年递增趋势（如图1.4所示），说明“跨学科实践”相关主题已成为学术研究热潮。对这些研究成果进行梳理，张屹课题组提出了基于设计的跨学科STEM理论框架，陈英和提出了基于跨学科概念图的跨学科知识整合模型，余胜泉对跨学科整合模式进行了理论阐述，赵呈领对创客教育和STEM教育的融合进行了探索，等等。

表1.1 中国知网“跨学科实践”相关主题研究成果统计（截至2024-12-01）

主题	学术期刊	学位论文	会议	报纸	图书	学术辑刊	成果	特色期刊
跨学科	16000	3772	1290	457	241	584	14	8767
跨学科实践	1217	458	152	25	2	14		2041
物理跨学科	97	93	13	1				330
物理跨学科实践	83	90	9		1			296

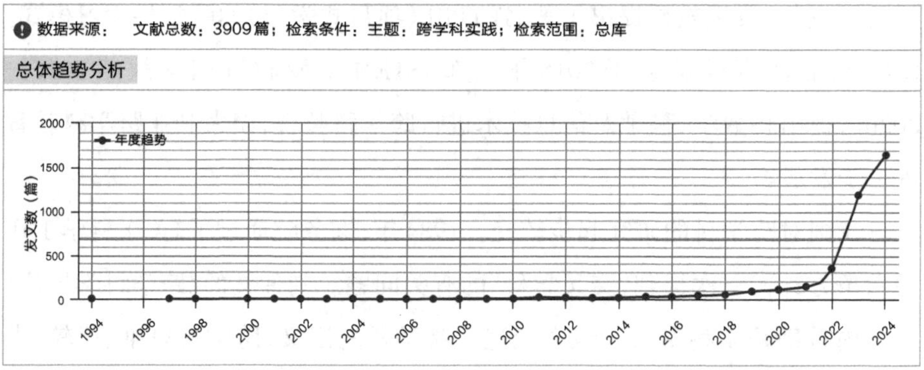

图1.4 中国知网“跨学科实践”主题发文量年度趋势（截至2024-12-01）

国内外学者对跨学科教学的研究表现出明显的共性：一是跨学科性，在分科教学的大环境下，打破多学科之间原有的壁垒，组织学生运用多学科的知识、方法和技能研究某个问题，实现不同学科知识间的相互强化。二是情境性，学习主题来自现实生活中的真实问题，强调在解决问题的过程中发展创新思维和创新能力。三是实践性，通过跨学科实践活动促使学生眼、口、手、脑齐动，在实践中应用知识解决现实问题。四是创新性，跨学科实践活动基于真实问题，解决路径和成果表达没有固定模式，为学生创造性地解决问题提供了无限可能。

由此可见，开展跨学科实践活动，可以培养学生的创新精神，提高学生的实践能力。如图1.5所示，从中国知网“跨学科实践”主要主题分布可见，作为与生活、社会实践联系最为紧密的物理学科，开展的跨学科实践研究过少。本研究围绕物理核心概念，提出生活中的真实问题，基于初中物理课程实践性、情境性、育人性的学科特点，开发设计初中物理跨学科实践学习方案，在实施过程中培育学生的创新素养。

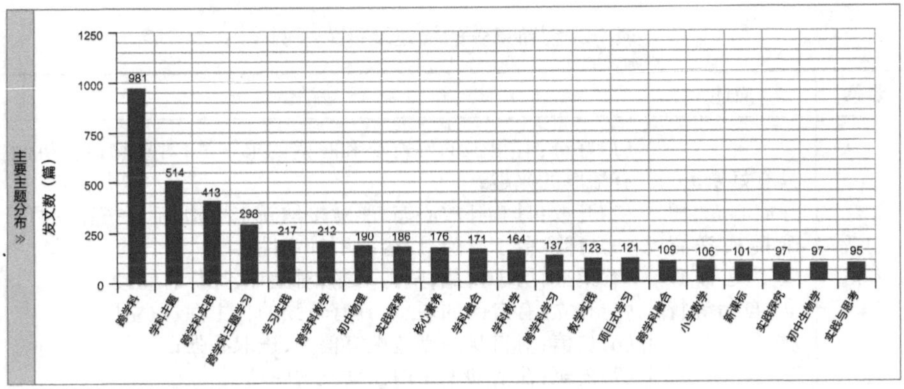

图1.5 中国知网“跨学科实践”主要主题分布（截至2024-12-01）

第四节 相关概念

一、创新素养

对创新素养的定义众多。林崇德提出了“创造性人才=创造性思维+创造性人格”的观点；刘泽雨和董金明论述了创新素质的三个维度，包括创新精神和创新意识、创新思维和创新人格、创新能力和实践能力；张志勇认为，创新素质主要包括创新知识、创新精神（创新意识）、创新能力（包括创新实践能力）、创新人格；美国心理学家托兰斯从问题解决的角度对创造力进行了阐述。以上对创新素养的研究启发我们：仅仅依托创造性人格和创造性思维不足以完成创新的整个过程，必须通过创新实践才能得到最终产品或成果。

综合分析众多学者对创新素养的定义，结合山东省教育厅发布的《关于加强新时代学生创新素养培育体系建设的意见》，以及义务教育课程方案及课程标准倡导的教育理念，笔者采用甘秋玲等的观点对创新素养进行定义：要完成创造性的过程，须具备创新人格、创新思维和创新实践三个方面的素养。创新人格侧重于情意因素，解决学生“愿不愿”的问题；创新思维侧重于内在的思维过程和方法，解决学生“能不能”的问题；创新实践侧重于外显的行为投入，产生新颖、有价值的成果，解决学生“做不做”的问题。表1.2为创新素养的描述及行为举例。

表1.2 创新素养的描述及行为举例

要素	描述	行为举例
创新人格	具有好奇心，开放心态，勇于挑战和冒险，具有独立、自信等特质	(1)好奇：有很强的好奇心和旺盛的求知欲，对事物运行机制有浓厚的兴趣； (2)开放：具有开放心态，愿意接纳新生事物，不断拓宽视野； (3)冒险：敢于冒险，以容忍不确定性； (4)挑战：勇于挑战，坚持不懈，对批评、挫折有韧性； (5)独立：有自己的观点，具有较强的自主性、独立性； (6)自信：对自身的创造性有信心，进取心强； (7)内驱：在活动中受内在动机的驱动
创新思维	对开展创新活动有帮助的发散思维、辐合思维、重组思维等	(1)能够沿着不同的方向进行发散性思考，从多个角度寻求解决问题的途径； (2)能根据一定的目的，梳理多种思路和各种信息，进行系统分析与推理，以求得有效的解决方案； (3)能根据需要，把已有的几种事物(或者部分)进行重组整合，生成新的、具有更优功能效果的新事物
创新实践	参与并投入旨在产生新颖且有价值的成果的实践活动	(1)能从多个角度对目标进行分解，或者对问题进行识别和表征； (2)围绕目标或问题，能搜集不同来源的信息或资源； (3)付诸行动，通过引入新的思路和方法，或者对已有的解决方案进行重组，以产生创意或解决问题； (4)选择特定主题，开展创新实践活动，形成作品等各种形式的成果

创新素养三个要素的关系如图1.6所示。创新人格是创新思维的基础，创新思维是创新实践的基础，而创新实践又是创新人格和创新思维在特定任务下的显性表达。创新素养的三个要素是互相促进、互为体现、密不可分的三个维度，这为研究提供了充分的理论指引。

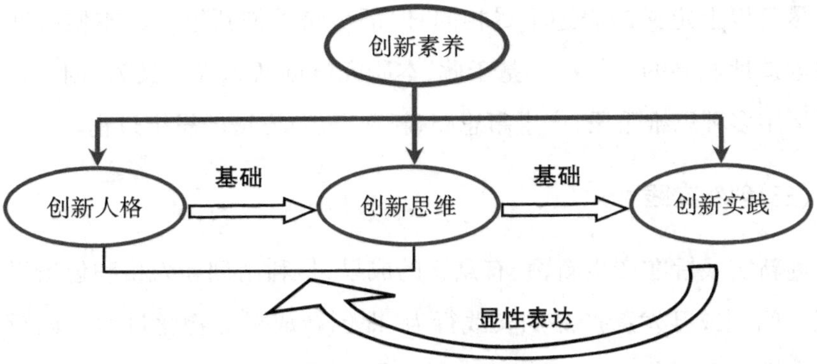

图 1.6 创新素养三要素的关系

(一)创新人格

创新活动是人类区别于动物本能活动所特有的、能够得到新颖和独创成果的社会化行为。苏联心理学家波果斯洛夫斯基和日本心理学家恩田彰都强调,创造力除了受能力因素影响外,还受到创造者的动机、情感、意志、性格、信念等人格因素影响。本研究认为,创新人格是一切创新活动的基础,是维持创新活动的稳固、持久的心理素质。具体表现为:健康的创新情感、强烈的创新欲望和动机、好奇心和想象力、坚强的信念和顽强的意志、冒险精神和社会责任感等。

(二)创新思维

创新思维是一个相对概念,是区别于固有思维和常规思维的一种思维方式。国内外对创新思维的定义众多,并没有统一的标准。以下是几种从不同的研究角度和研究方法出发对创新思维的定义:祝琳认为,创新思维是一种开拓人类认知新领域、获得新成果的思维活动,如发明新技术、产生新观念等探索未知领域的思维活动。王建良和施教芳认为,创新思维是指在思维上有所创新,包括创造或产生一个新思想、新理论、新方法等。冯国瑞认为,创新思维是指突破常规思维,突破传统的认识框架,提出不同的解决方案,在传统思维模式的基础上有所突破、有所革新、有所创造。

尽管以上定义的表述不尽相同,但都反映了创新思维的本质特征——指向创造性成果的新想法。基于此,本研究将创新思维定义为:创新思维是灵活运用多种思维手段,产生新思路、新观点、新方法的思维过程。

(三)创新实践

创新实践旨在产生新颖、有意义的成果,是利用创新人格和创新思维解决现实问题或开发新产品的实践行为,即创新成果的物化过程。创新实践包含如下主要环节:明确目标或表征问题,搜集信息或资源,实施操作(创意产生或问题解决)。本研究的创新实践指选择特定主题,通过引入新的思路和方法,或者对已有的解决方案进行重组,开展创新实践活动,以产生创意或解决问题,形成方案、模型、作品等各种形式的成果。

二、跨学科学习

跨学科学习的育人理念由来已久。2001年,教育部发布的《基础教育课程改革纲要(试行)》提出,多形式组织教材内容,多主题开展学生探究,从而促进学生自主学习能力的发展。2014年,教育部发布的《关于全面深化课程改革落实立德树人根本任务的意见》中明确提出发挥各学科综合育人功能的指导思想。与以往的教育文件倡导多学科综合学习不同,《义务教育课程方案(2022年版)》对培养目标、课程设置、实施要求都作出了重大调整,对跨学科主题教学提出了具体要求,要求各学科用不少于10%的课时开展跨学科主题学习,目的就是加强课程与学生经验、社会生活的联系,培养学生在真实情境中综合运用知识解决问题的能力,是落实立德树人要求、培育素养全面的创新型人才的重要举措。

《义务教育课程方案(2022年版)》的颁布,掀起了跨学科主题学习的研究热潮,多位学者对其内涵进行了解读。安桂清对比各学科的新版义务教育课程标准,发现各学科都基于学科特点制定了各自的跨学科学习要求和安排,概括理解为:基于学生的发展需求,围绕某一研究主题,以本学科课程内容为主干,运用并整合其他学科的知识与方法,开展综合学习。郑葳等针对“在教学中如何实现各学科融合”的现实问题，将跨学科主题学习理解为：师生围绕一个将学科大观念与生活联系起来的主题，运用不同学科的知识与方法，全身心投入解决真实情境问题的过程中，以实现学生核心素养的培育。崔允漷提出跨学科主题学习的四个关键特征：以科目之跨为起点、以主题整合为抓手、以实践学习为路径、以素养培育为旨归。此外，他还提出了行之有效的实施策略，即实施单元化、主题意义化、内容结构化、学习实践化、评价表现化。申宣成认为，跨学科主题学习是基于学生的知识基础、围绕某一研究主题、以某一学科课程内容为主干而展开的综合性学习活动，具有综合性、实践性、主题性、学科性、协作性等特征。设计跨学科主题学习应主要把握四个要领：立足生活空间和认知实践确定学习主题，基于学生发展核心素养确定学习目标，遵循“逆向设计”原则开发评价工具，围绕反省性思维培育安排学习活动。

虽然各学者对跨学科主题学习的研究侧重点各不相同，但可以发现各观点达成了广泛共识：在课程目标的设定上，跨学科主题学习解决现实情境中的真实问题，培养学生综合全面地分析问题、整合问题、解决问题的能力，最终目标是培养学生的创新能力，从而提升学生的核心素养；在课程内容的选择上，跨学科主题学习基于学生的生活经验，并与社会发展紧密相关；在课程组织的实施上，跨学科主题学习是多学科知识、思维方式、技能方法、学科文化的紧密融合。

三、初中物理跨学科实践

按照《义务教育课程方案（2022年版）》的要求，各学科都根据各自的学科特点，在学科课程标准中对跨学科实践主题学习作出了具体的规划设计，跨学科实践主题学习成为重要的课程内容，如数学学科设置了“综合与实践”，化学学科设置了“跨学科实践”，地理学科设置了“跨学科主题学习”，生物学科设置了“生物学与社会·跨学科实践”，等等。和其他学科一样，物理学科在《义务教育物理课程标准（2022年版）》中设立了“跨学科实践”主题，将其作为重要的课程内容，带动了物理课程教学方式和育人方式的变革。

针对初中物理跨学科实践，姜爽和李春密从课程标准出发，指出跨学科实践并不是增加了新的物理教学内容，而是将物理学习与日常生活、工程实践、社会发展紧密结合起来，突显该主题学习活动的综合性和实践性，旨在加强学科间的关联，带动课程综合化实施，发展学生多方面的能力，是落实课程育人目标、发展学生核心素养的重要举措。荆鹏和侯恕提出，物理跨学科实践以物理学科视角为原点，以发展核心素养为导向，以任务议题为设计形式，以综合性、实践性和生成性为根本属性，聚焦学生跨学科能力的提升，旨在发展学生物理学科核心素养。

初中物理跨学科实践是在立足物理课程的基础上，“跨”出物理学科的视野，把学习的内容“跨”到学生的日常生活、工程实践和社会发展中，旨在提高学生跨学科应用知识的能力、分析和解决问题的综合能力、动手实践的操作能力，培养学生积极认真的学习态度和乐于实践、敢于创新的精神。具体来说，初中物理跨学科实践就是基于物理课程标准中核心素养的要求，以物理核心概念为基础，以解决生活情境中的真实问题为学习目标，运用两门或两门以上学科的相关知识、方法、工具、思维方式等进行独立学习和研究，最终以成果的形式呈现学习效果的学习过程。初中物理跨学科实践学习主题包括：物理学与日常生活跨学科实践，物理学与工程实践跨学科实践，物理学与社会生活跨学科实践。

第五节 理论基础

跨学科实践学习在100多年的发展历史中，深受教育学、心理学等理论的影响，不断发展完善，现已成为国际公认的、可以提高学生素养水平的学习方式。

一、建构主义学习理论

（一）建构主义学习理论的内涵

“建构”这一名词最早源于俄国的艺术和建筑学，这个概念最初诞生于18世纪康德的哲学思想，并非一种教学理论，而是认知心理学的一个分支。

心理学家皮亚杰对康德的思想进行了继承和超越，1936年在《儿童对现实的建构》一书中，将建构主义理论引入教学领域，为建构主义教学论的形成和发展奠定了基础。“我把康德的知性范畴拿来重新考察了一番，于是形成了一门新的学科——发生认识论。”1970年出版的《发生认识论原理》从心理学角度出发，从发生学的视角论述了儿童认识和思维的发生和发展过程。建构主义并不是某一个学者提出来的，而是心理学家在皮亚杰的个人建构理论、维果斯基的文化历史理论、布鲁纳的文化心理学以及杜威的经验自然主义等理论的影响下逐步发展起来的。经过多个国家的学者、专家和一线教师对其不断修订完善，并逐步在教学领域进行实践，形成了建构主义的基本观点：世界是客观存在的，学习者如何认识这个客观世界，取决于自己原有经验对当前事物赋予的理解和构建。

建构主义学习理论认为，知识不是灌输给学习者的，而是由学习者在一定环境下主动认知、自主生成的，最终构建出学习个体的新认知。教师是学生学习的帮助者、引导者，指导学生独立思考、主动探索，在原有认知的基础上，通过自主学习建构新的认知体系。在以上观点的基础上，建构主义重新定义了知识、学习、教学的关系，提炼出独特的知识观、学习观、师生观等基本教学主张。其核心思想是：以学生为中心，重视学的作用，强调学生对知识的主动发现、主动探索，从而主动建构形成自我的知识体系。

建构主义知识观认为，知识不会脱离个体而单独存在，它和社会活动密切相关。知识是人们利用文字、符号等外在形式对客观现实世界的描述、解释和假说，它并不是问题的最终答案，随着人们认知的深入，知识将不断地发展变化，作出新的解释和假设；知识的目的是应用，需要在实践中应用和发展，当面对具体问题时，知识将不断地创新和发展；知识是人们对世界的认知，不能脱离主体而存在，需要基于学习者的已有经验，完成自我的知识建构。

建构主义学习观认为，学习不是教师和学生之间简单的输出与输入，是学习者基于自我原有经验对事物进行重新认识、编码解释、信息刺激的过程。认识和编码涉及两个过程——同化和顺应。同化是指学习者遇到和自己原有经验相符合的新知识时，将其纳入自我的原有经验，这是知识学习量变的过程。顺应是指学习者遇到不能用原有经验解释的新刺激时，对原有经验进行修订或重构以适应新环境，这是知识学习质变的过程。

建构主义师生观重新审视了教师和学生在学习过程中的作用，提出了教师主导、学生主体的教学观点。首先，学生是具有独立意义的个体，是不以教师的意志为转移的客观存在。其次，每个学生的成长背景、学习能力、知识储备、兴趣特长都具有鲜明的个人特征，具有丰富的个人经验，具备不同程度的分析问题、解决问题的能力，所以每个学生都是独特的人。教师不能无视学生的个人经验，要正视学生个人经验的差异性。学生是学习的主体，在学习活动中，学生不是被动接受知识的容器，而是在自我经验的基础上，主动发现、主动探索、主动建构出主体崭新的知识体系。教师只是学生探索过程的组织者、指导者以及学生学习困难的帮助者。在建构主义倡导的学习方法中，常见的支架式教学、抛锚式教学等教学方法都凸显了学生主动认知、教师帮助成长的教学思想，强调学生的主体作用，同时要看到学生自主发展的局限性。发挥学生学习的主体性，并不等价于教师对学生的学习放手不管，学生不可能脱离外界的帮助而进行独立学习，学生的能力水平不是一成不变的，需要发挥教师的主导作用，在教师的指导帮助下不断进步和发展。

(二)建构主义学习理论对教学的启示

1.知识是建构生成的

知识和学习者的主观认知是密不可分的，学习者利用原有储备的知识和生活经验来解释新问题，这就决定了学习任务的难度不能高高在上，一定要结合学生的原有认知基础，为学生提供继续建构的可能。同时，学习任务要循序渐进、层层推进、难度分解，为学生进步搭建阶梯，使前面的学习成为后面学习的基础，学生顺级而上，从而完成一系列新知识的建构。

2. 学习需要同化和顺应

开展新的任务之前要重视对学生学情的分析，明确学生已有的学习生活经验和新任务间的同化或顺应关系，从而采取恰当的策略进行学习引导，如采用情境、协作、会话等学习方式。教学中要创设恰当的教学情境，关注学生间的协作交流，搭设必要的教学支架，助力学生完成知识建构。

3. 要确立正确的师生关系

一是教师要正视学生学习的主体地位，重视学生的活动和体验，引导其主动参与、主动思考、主动探究，突出学生的主体地位。二是教师要做好学生学习的协助者，创设充分的教学情境，调动学生的学习动机，搭设多种学习支架，扶助学生建构知识体系。在学习过程中，要与学生密切协作，对学生的学习困难要及时跟进指导，以帮助学生走出瓶颈，对学生出现的错误要及时引导修正。三是教师要做好学生学习的引导者，知识不能全盘灌输，而应使用启发性原则，以问题为引领，加强学生学习方法的指导，指导学生获得终身学习的能力。

二、活动理论

活动理论起源于康德与黑格尔的古典哲学，吸收了马克思辩证唯物主义的思想，由苏联著名的心理学家维果斯基提出，并由列昂捷夫与鲁利亚成熟和完善。活动理论强调活动在知识技能内化过程中的桥梁性作用，活动是人的意识发生、发展的基础。

(一)活动理论的内涵

在以建构主义为代表的现代学习理论的影响下，越来越多的教育学者认识到学习不是知识由师到生的机械传递和储存，而是一个由学习者积极、主动、建构自我知识体系的实践过程。以此为基础，发展完善了众多教育理论，其中的活动理论产生了重要的影响。

(二)活动理论的发展历程

活动理论的全称为“文化–历史活动理论”，是以活动为逻辑起点和中心范畴来研究和解释人的心理学发生和发展问题的心理学理论。作为一个不断进步发展的理论体系，活动理论大体经历了三代的发展。

第一代活动理论的代表人物是文化历史学派的创始人维果茨基，他以马克思主义关于意识与物质的辩证关系为基础，借鉴了黑格尔的人类意识与历史文化的积极同化的哲学思想，突破了以往仅从生理学角度分析人类心理学发展的研究路线，开创性地论述了活动与交往对儿童心理发展所起到的关键作用，提出了社会文化历史学说。该学说的中心思想是，人类的一切高级心理行为如言语、思维、记忆等都是在活动中发展起来的。维果茨基提出了经典的活动中介学说，即人类对客体刺激的主体反应不是凭空产生的，需要一个中介来支撑。中介就是活动中的工具，可以是物质工具，用来改变物质世界，如玩具、机器等，也可以是心理工具，用来改变主体思维，如语言、符号等。维果茨基的第一代活动理论揭示了活动在人的心理发展中的重要作用，其局限性是仅仅关注到个体的活动，没有关注群体，更没有形成系统的活动理论。

第二代活动理论的代表人物是苏联心理学家列昂捷夫，他曾经担任维果茨基的研究助手，对社会文化历史学说进行了继承和深化。在维果茨基活动理论的基础上，列昂捷夫将视野扩大，关注个体与所在的共同体间的关系。他认为活动具有社会性，并主张将活动放到具体的情境中。在他的代表作《活动、意识、个性》一书中，首次明确了活动的概念，并提出了活动的三个层面，即活动、行为和操作，从而建构了活动理论框架。活动是最高层面，它和主体的动机——目标紧密相连，没有动机(目标)的活动是不存在的；行为是第二层面，它从属于活动，是实现活动中某一目标的具体方式；操作是第三层面，它从属于行为，是实现行为的具体方式，是活动实践的具体化，是活动是否进行的关键环节。列昂捷夫强调了客体在主体活动中的作用，通过对客体的改造和设计可以促进主体学习的发生。其最著名的观点是：人类的内部性心理活动必须以外部活动为滋生土壤，是在外部活动中发生、发展起来的，内部活动源于外部活动，是外部活动的内化。以上观点对教育教学有巨大的启示:可以通过改变外部活动来培养、形成人的内部心理与意识。

第一代和第二代活动理论着重在理论层面进行阐述,在维果茨基、列昂捷夫、查包洛热茨、艾利康宁等一代代心理学家的努力下,活动理论体系得以不断丰富和壮大。20世纪70年代,活动理论传入西方后,研究学者将关注的重心由理论转向了实践应用,这就是第三代活动理论。第三代活动理论的代表人物是芬兰学者恩格斯托姆,他阐述了个人活动、集体活动在社会情境中关系,建立了人类活动结构图,如图1.7所示。

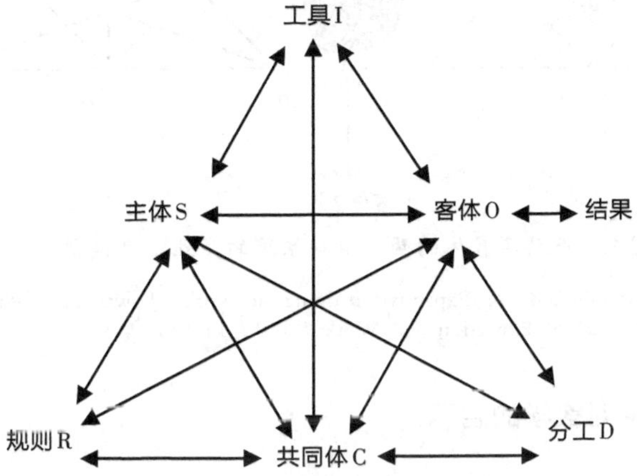

图1.7 活动理论的一般模型

资料来源:ENGESTRÖM Y. Learning by expanding: An activity-theoretical approach to developmental research[M]. 2nd ed. New York: Cambridge University Press, 1987: 63.

在这个模型中包括六个要素和四个子系统,其中:"主体"是指活动的发起者;"客体"是指待解决的问题或目标,主体操作客体朝向结果状态转变;"工具"指主体操作客体过程中用到的中介手段,如工具、仪器、模型、符号、法规等;"共同体"是由共享同一客体的若干个体组成的,他们拥有共同的目标;"规则"指对活动进行约束的规定、法律、政策以及潜在的社会规范;"分工"是指共同体成员之间权利与地位的分配。这六个活动要素相互组合,构成了生产、交换、分配和消费四个子系统。

在此基础上,恩格斯托姆关注到人类活动的复杂性,任何任务的完成都离不开人与人之间的协作,每个人、每个集体都同时是多个共同体的组成部分。他将活动系统纳入社会背景当中，引入了文化多样性，将一个活动体系与另一个活动体系通过共同客体相连（如图1.8所示），形成更大的活动体系，由研究个体与共同体成员之间的互动，拓展到不同活动系统之间的交流和协商，展现出在应用领域的实践价值，这是目前最为完善的活动理论模型。

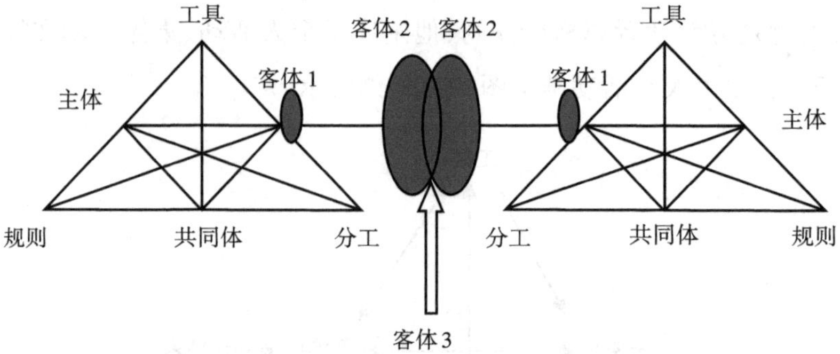

图1.8 有共享客体的两个活动系统的交互活动模型

资料来源：ENGESTRÖM Y. Expansive learning at work: Toward an activity theoretical reconceptualization[J]. Journal of Education and Work，2001，14（1）：136.

（三）活动理论对教学的启示

1. 学习的主体是学生

活动理论强调，活动是作为主体的人与作为客体的外界环境相互作用，从而影响人的心智发展的过程。教学中，不能将教师的“教”和学生的“学”割裂开来，要树立“教”是为了“学”的思想，重视学生的主体地位，尊重学生的个性，关注学生的学习效果。

2. 学习离不开活动

活动理论强调外部活动对人的心智发展的重要作用，学习过程就是学习主体通过各种外界活动对客体信息进行分析、处理、内化的过程。教学中，要以活动为起点，利用“做中学、用中学、创中学”助力学生多项技能、多种思维方式的学习，同时，重视社会实践，遵循“活动—学习—活动”的学习路线，促进学生各项素养的提升。

3. 学习需要在情境下发生

从第二代活动理论开始，学者们意识到个体与所在共同体间有密切的关系，开始关注活动的情境性。学生的学习活动就是时刻与教师、与同伴发生互动的过程，不可能脱离学习情境而独自完成，恰当的学习情境能够为学生学习助力。基于此，初中物理跨学科实践学习不能和周围的环境割裂开来，要将学习置于情境中开展。

4. 学习需要重视人际互动

活动理论强调，学习离不开社会活动，要重视学习过程的开放性和个体间的交互性。一是师生互动。教师通过与学生个体、与学生群体、与学生小组间交流的三种形式，创设尊重、关爱的教学氛围，正视学生的个体差异，倾听学生的心声，重视学生的独特想法，做好学生学习的组织者、指导者、合作者，通过交流启迪学生的潜力、能力和智力，辅助学生经历学习的完整过程，成为学习的主人。二是生生互动。生生互动是学生群体活动的过程，具体指学生间的合作、争辩、质疑和互补。要鼓励学生存异，激励每一位参与者的积极性，将学习中的思想、观点、疑惑表达出来，允许对科学问题存在不同的看法，通过小组讨论、展示、评价等方式不断修订和完善，从而优化学生的认知结构，形成健全的人格，养成优质思维习惯。要鼓励学生求同，加强学习合作。科学的发展不是个人行为，每一项科研成果都是团队协作的结晶。要引导学生采用小组合作的方式进行学习和探究，体会如何建立一个高效的团队，尝试在团队中发挥作用，学习与同伴和外界进行互动和交流。要鼓励学生动手，发挥小组成员的优势，合理分配学习实践任务。学生通过全程参与规划、组织、协调、动手实操的学习过程，在生生互动中提高学习兴趣，获得学习经验，锻炼探究技能，激发创新思维，使学习真正发生。

5. 学习需要激发学生的动机

活动理论强调，一切活动的产生都需要动机，动机是推动学生进行学习的内部动力，源自学习者的内部需要，没有动机就激发不了活动，没有活动就不会产生学习。由此可见，学习者的学习动机决定着学习的发展进程。

初中物理跨学科实践学习中，教师要采取恰当的教学策略，创设丰富的教学情境，引导学生认识物理跨学科实践学习在生活中的意义，基于情境提出研究问题，提升学生发现问题及分析问题的能力，激发学生的学习兴趣和学习动机，促进学习活动的发生和发展。唤起动机仅是开端，动机转换为学习成果还需要活动，教师要为学生创设充分的活动参与机会，使其投入学习活动，通过活动使动机得以付诸实践，学生内心需求得到满足，由此唤起更强烈的表现欲望，产生新的动机，助力学习进入良性循环。

三、多元智能理论

（一）多元智能理论的内涵

自古以来，智能都是哲学家的研究范畴。20世纪80年代，世界著名教育心理学家、美国哈佛大学霍华德·加德纳教授创立了多元智能理论，受到各界尤其是教育界的关注和重视，在应用过程中取得了极大的成功。加德纳认为，每个正常人都具有多项智能，而不是只有单一智能，但每个人的智力强项会因个体差异而不同。加德纳分别以生命科学、逻辑分析、发展心理学以及传统心理学为评判标准，提出了多元智能理论，包括语言智能、逻辑数学智能、空间智能、音乐智能、身体运动智能、人际智能、内省智能、自然观察智能等八种智能。多元智能理论为教育者提供了一种更具个性化的课程和教学方法，可以根据学生的不同智力类型和能力，开展有针对性的启发性的教学活动，以满足学生的学习需求和发展。

语言智能是指个体擅长语言运用、表达和理解，能有效地用口头和书面语言表达自己的思想并能理解他人，即“听、说、读、写”能力。这种智能在政治家、演说家、作家、律师、主持人、记者等文科职业上有突出的表现。

逻辑数学智能是指个体擅长数理计算、逻辑分析、归纳推理，善于研究科学问题和数学推理，表现出对事物间因果、类比、对比、逻辑等抽象关系的高度敏感性。这种智能在科学家、工程师、会计师等理科职业上有突出的表现。

以上两种智能符合人们对传统意义上的智能的认知，广受社会、学校和家长的重视，受传统育人理念的局限，现在学校大部分教学活动的开展是以开发这两种智能为目标的。

空间智能是指个体擅长利用视觉准确感知周围空间的事物，并能利用图画的形式表现出来的能力，表现出对色彩、线条、形状、空间位置关系的高度敏感性。这种智能在画家、建筑师、景观设计师、摄影师、服装设计师、木匠等职业上有突出的表现。

音乐智能是指个体擅长音乐创作、演奏和赏析，具有较强的音乐记忆和感知能力，表现出对音乐的节奏、音调、音色和旋律的高度敏感性，并能够通过作曲、演奏、歌唱的形式来表达情感。这种智能在歌唱家、指挥家、作曲家、音乐评论家等与音乐相关的职业上表现突出。

身体运动智能是指个体擅长运用肢体的能力，能很好地控制肢体，做出恰当的反应，身体具有突出的平衡性、协调性、敏捷性、力量性、爆发力、速度。身体运动智能在运动员、舞蹈家、戏剧表演者、外科医生等职业上表现突出。

以上三种智能在艺术领域表现尤为突出，导致教师对其产生误解，认为只有所谓的“特长生”才需要重视这三种智能。

人际智能是指个体擅长社交和人际交往，具有较强的领导、组织和沟通能力，表现为能够敏锐地洞察他人的情绪、情感，准确体会其感觉和感受，并对其做出准确的反应。人际交往智能在政治家、外交家、领导者、销售员、推销员、心理咨询师等职业上表现突出。

内省智能是指个体擅长自我反思并由此做出适当行为的能力。表现在能够对自身的情绪、爱好、欲望、个性、意志、执行力等方面做出正确分析，客观全面地认识自己的长处和短处，从而形成自我尊重、自我约束和自我控制的能力。内省智能在哲学家、政治家、心理学家等职业上表现突出。

自然观察智能是指个体在自然环境中观察各种事物，并进行辨别、分类及利用的能力。表现为具有强烈的好奇心、敏锐的观察力、分析解决问题的能力。自然观察智能涉及生态、动植物学、地质、气象等领域，在考古学者、天文学家、生物学家、地质学家、生物学家等职业上表现突出。

以上三种智能是非常容易被人忽视的智能类型，却对个体的成长具有重要的作用。

（二）多元智能理论对教学的启示

1.教育应关注个体差异

多元智能理论认为，人的智力存在多种类型，每个人都有自己擅长的智力类型。因此，教育不应只关注学生在某一方面的表现，而应通过发掘和培养学生的多元智能，帮助他们发挥自己的优势。

2.教育应注重个性化培养

根据多元智能理论，不同的学生有着不同的智力类型和潜能。因此，教育者应注重因材施教，根据学生的特点和需求开展教学。教育者应根据学生不同的智能特点与智能水平，采用差异化的教学方式，使每个学生都能找到与自己智能特点相匹配的学习方式，使潜能得到发展。

3.教育应注重多元发展

多元智能理论认为，人类的智力类型多种多样，需要通过多元的方式进行培养和发展。因此，教育应该注重发展学生各方面的智力，包括语言、数学、音乐、美术、运动、人际交往等，以提高学生的综合素养。

4.教育应注重实践教学

多元智能理论强调，学生通过实践活动可以更好地发掘和培养自己的智能。因此，教育应该注重实践教学，为学生提供更多的实践机会，帮助学生获得丰富的学习经验，拓展认知领域，提升多元智能水平。

第二章 初中学生创新素养培育现状调查

本研究基于学生问卷和教师访谈,对初中学生创新素养培育现状进行了调研。通过数据回收与处理,发现问题,剖析成因,为探索初中物理跨学科实践学习中培育学生创新素养的教学策略提供依据。

第一节 学生问卷

学生问卷从4个维度展开,包括“对跨学科实践学习的认知及态度”“创新人格发展现状”“创新思维发展现状”“创新实践发展现状”,共16道题目,均为单项选择题,每个题目设置5个选项,分别为“非常不符合”“不符合”“不确定”“符合”“完全符合”,学生根据自身的学习情况和学习经历回答。学生问卷调查内容如表2.1所示。

表2.1 学生问卷调查内容

调查维度	题号
对跨学科实践学习的认识及态度	1~4
创新人格发展现状	5~8
创新思维发展现状	9~12
创新实践发展现状	13~16

一、“对跨学科实践学习的认识及态度”的调查分析

本调查维度主要调查学生对跨学科实践学习的了解及接受程度,题目编号及题目内容如表2.2所示,调查结果如图2.1所示。

表2.2 “对跨学科实践学习的认识及态度”调查表

题目编号	题目内容
1	我听说过跨学科实践学习
2	我在物理课堂上经历过跨学科实践学习
3	我认为物理学习与日常生活、工程实践、社会发展息息相关,并且物理的学习需要融合数学、生物、化学等其他学科的知识和技能来解决实际问题
4	与传统物理学习相比,我更喜欢物理跨学科实践学习

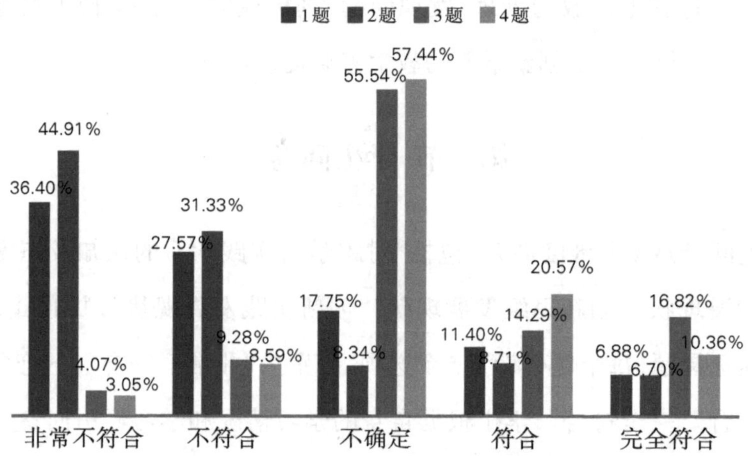

图2.1 “对跨学科实践学习的认识及态度”调查结果

通过对调查结果进行分析发现:第1题选择“非常不符合”和“不符合”选项的学生居多,分别占36.40%和27.57 %,选择“不确定”选项的学生也达到17.75%,表明很多学生不了解跨学科实践学习。同时,有少部分学生选择了“完全符合”选项,表明他们听说过、接触过跨学科实践学习,但了解得并不深入。第2题选择“符合”“完全符合”选项的学生仅有8.71%和6.70%,说明大多数学生没有在物理课堂上经历过跨学科实践学习。第3题和第4题选择“不确定”选项的学生居多,分别占有55.54%和57.44 %,说明大部分学生不了解跨学科实践学习的内涵,没有尝试过跨学科实践学习,因此对于跨学科实践和物理学习的关系以及自己是否会喜欢这种学习方式表现出不确定性。同时发现,有少部分学生对物理跨学科实践学习表现出浓厚的兴趣,表明学生渴望采用这种新型的学习方式。

综上所述，在物理教学中应该增加跨学科实践学习，将物理学习与日常生活、工程实践、社会发展相联系，让更多学生了解并喜欢跨学科实践学习，提高学生分析问题、解决问题的能力和创新能力。

二、"创新人格发展现状"的调查分析

本调查维度主要调查学生的创新人格发展现状，选取了好奇心、开放心态、独创性、自信心4个具有代表性的创新人格特质，题目编号及题目内容如表2.3所示，调查结果如图2.2所示。

表2.3 "创新人格发展现状"调查表

题目编号	题目内容
5	在生活中看到新奇的事物，我会感到好奇，并且乐于探索其奥秘
6	在学习、生活中敢于提出自己的见解，乐于动脑开拓新思路、动手制作新产品
7	遇到难题时，我会想办法解决，不断尝试，不断试错，直到成功为止
8	对自身的创造性有信心，进取心强

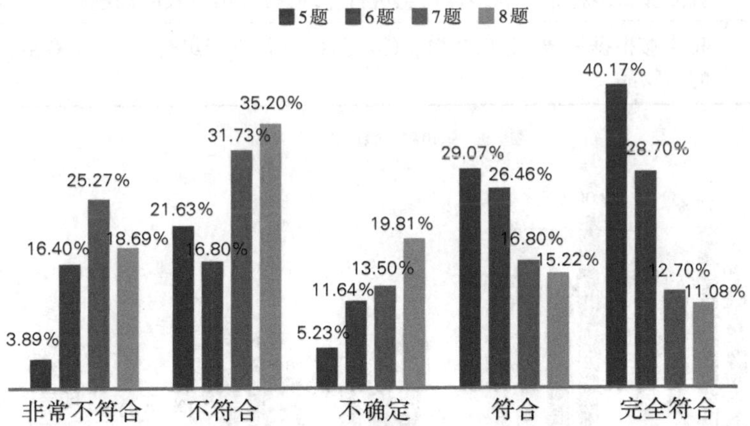

图2.2 "创新人格发展现状"调查结果

通过对调查结果进行分析发现：第5题和第6题选择"符合""完全符合"的学生居多，分别占比 29.07 % 、40.17 %和26.46%、28.70%，这种表现和初

中学生的年龄、心理特点相匹配，说明初中学生具有好奇性、开放性的人格特质。第7题和第8题选择“非常不符合”“不符合”的占比分别达到25.27 %、31.73 %和18.69%、35.20%，说明学生的独创性、自信心不足，出现这一情况的主要原因可能是学生学业负担过重、学习方式单一、缺乏独立学习思考的机会等。

综上所述，物理教师应该发挥物理学科的优势和特点，创设鲜活的学习情境，优化教法和学法，保护学生的好奇心，鼓励学生自信、敢想、敢做，勇于挑战和冒险，促进创新人格的形成。

三、“创新思维发展现状”的调查分析

本调查维度主要调查学生的创新思维发展现状，包括发散思维、辐合思维、重组思维等方面，题目编号及题目内容如表2.4所示，调查结果如图2.3所示。

表2.4 “创新思维发展现状”调查表

题目编号	题目内容
9	我在做物理题时，喜欢一题多解
10	在学习过程中，我能根据事实证据和科学推理对其他学生的观点进行质疑，并提出创造性的观点
11	我能够将多种思路和多样信息进行梳理，提炼出有效的问题解决方案
12	我能够根据需要，把几个物品（或零件）进行重新组合，生成具有更优效果的新物品

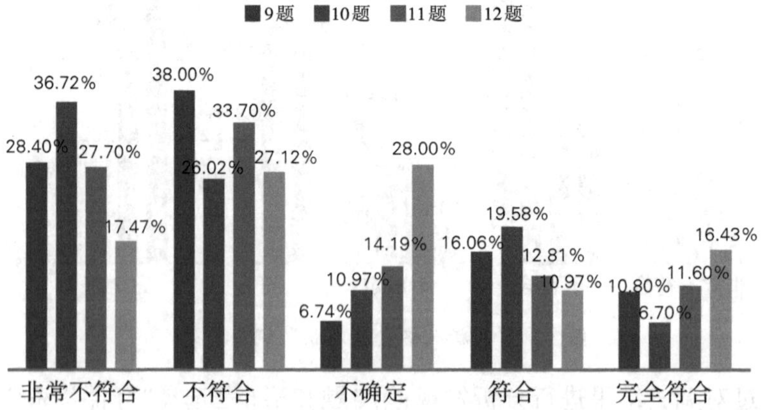

图2.3 “创新思维发展现状”调查结果

调查研究发现:第9题和第10题选择“非常不符合”“不符合”的学生占比远远超过选择“符合”“完全符合”的学生,说明学生在物理学习中因循守旧,不善于举一反三,发散思维存在短板。第11题选择“非常不符合”和“不符合”的学生占比分别高达27.70 %和33.70 %,说明学生辐合思维水平低。第12题选择“非常不符合”和“不符合”的学生居多,还有28.00%的学生选择“不确定”,体现出学生的重组思维水平低。

综上所述,学生的创新思维发展现状不容乐观,是阻碍学生创新素养提升的重要原因。因此,在物理教学中,探索培育学生创新思维的策略具有重要意义。

四、“创新实践发展现状”的调查分析

本调查维度主要调查学生的创新实践发展现状,题目编号及题目内容如表2.5所示,调查结果如图2.4所示。

表2.5 “创新实践发展现状”调查表

题目编号	题目内容
13	我参加过校内外组织的各种创新实践活动
14	我喜欢物理实验,乐于采用实验、实践的方法得出结论或解决问题
15	我在学习中经常能产生新思路、新方法、新方案,从而产生新创意并付诸实践
16	我经常进行小发明、小制作,完成后感到强烈的成就感

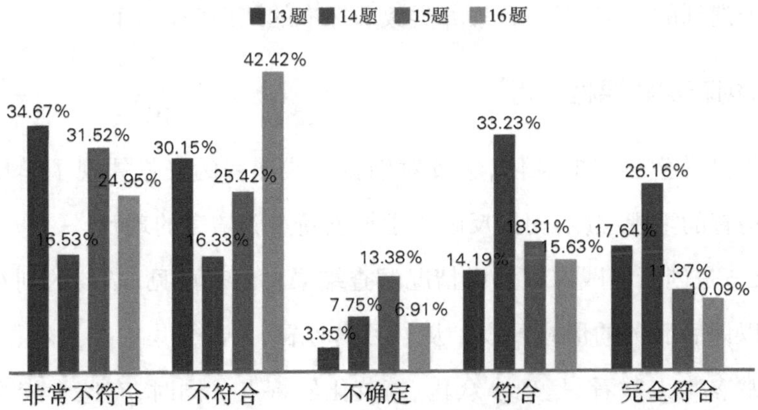

图2.4 “创新实践发展现状”调查结果

调查研究发现:第13题有34.67%的学生选择“非常不符合”,有30.15%的学生选择“不符合”,说明参加过校内外创新实践活动的学生所占百分比较低。第14题的调查结果表明大部分学生喜欢物理实验,愿意采用实验和实践的方法解决问题,这与初中学生的年龄、心理特征相匹配。第15题和第16题的调查结果表明大部分学生在学习过程中动手实践的机会少、动手实践的能力不强。

物理学是一门以实验为基础的学科,实践是“由生活走向物理,由物理走向社会”的必由之路。由调查分析可以看出,学生的创新实践情况不容乐观。在教学过程中,教师应为学生创造机会,让实践成为学习物理的途径和手段,用新颖、有价值的作品来展示物理学习效果,切实提高学生的创新实践能力。

第二节 教师访谈

教师是教学活动的主导者,同时也是教学过程的总设计师。为了解一线教师对创新素养的认知水平,本研究随机选取了包括省级规范化学校、普通市级初中、普通区(县)初中、普通乡镇初中在内的12所学校的98名物理教师进行了面对面访谈。访谈内容主要包括创新实践课程设置、培育学生创新素养遇到的困难、对创新素养类教师标准的认识3个方面。

一、创新实践课程设置

课程是学生学习的载体,学校对创新实践课程的安排体现了学校对创新素养培育的重视程度,间接反映了学校创新素养培育的现状。

表2.6是创新实践课程开设情况调查结果。由表可见,学校的创新实践课程都以课后服务的形式开设。从学习内容看,大部分集中在艺术、理化生学科。从参与人数看,呈现小众化、精英化的特点。同时,有些学校没有开设创新实践课程。

表2.6 创新实践课程开设情况

学校	学校性质	是否开设创新实践课程	创新实践课程的课时安排情况	创新实践课程名称	参与人数
学校1	省级规范化学校	是	课后服务	木版年画	20
学校2	省级规范化学校	是	课后服务	创课教育	30
学校3	省级规范化学校	是	课后服务	传承黑陶文明	25
学校4	普通市级初中	是	课后服务	项目化学习	50
学校5	普通市级初中	是	课后服务	项目化学习	25
学校6	普通市级初中	是	课后服务	科技创新	40
学校7	普通县(区)初中	否	无	无	0
学校8	普通县(区)初中	是	课后服务	学科创新	110
学校9	普通县(区)初中	是	课后服务	剪纸	35
学校10	普通乡镇初中	是	课后服务	春联的设计与书写	60
学校11	普通乡镇初中	否	无	无	0
学校12	普通乡镇初中	否	无	无	0

二、培育学生创新素养遇到的困难

以下为学校6(普通市级初中)X校长的访谈记录。

笔者:请问贵校最有特色的创新实践课程是什么?在实施时遇到了什么困难?

X校长:我校的特色创新实践课程是科技创新课程。我们现在面临的最大的难题是如何安排任课教师。一是本校教师授课任务十分繁重,很难分出精力承担创新实践课程的授课。二是教师的专业素养有限,我们的教师只精于本专业的知识和技能,而创新实践课程常常需要教师具备较高的综合素养,这是我校教师欠缺的,而且提升综合素养需要较高的时间成本和经济成本。以上原因导致我校创新实践课程教师不愿上、不能上。要想创新实践课程达到育人效果,师资是第一要务,如果有专门机构、专门人员来指导,有助于创新实践课程的持续稳定开展。

以下为学校4(市级普通初中)Z教务主任的访谈记录,Z主任同时承担创新实践课程指导教师。

笔者:您是贵校创新实践课程的教师之一,请您谈谈学校创新实践课程教师的情况。

Z主任:我校没有配备专职的创新实践课程教师,都是其他学科教师兼任,任务紧,时间急,负担很重。说实话,教师并不愿意兼任。

笔者:是否每位学生都有机会参与创新实践课程?如何协调创新实践课程与其他课程的关系?

Z主任:我们学校学生人数多,公共用房、师资有限,受在校时间、场地等客观因素的影响,不是每位学生都参加了创新实践课程。学校采用自主报名的形式,吸收有强烈创新欲望、对学习项目感兴趣的学生参加创新实践课程。我们正在想办法协调客观不利因素,争取让更多学生参与进来。

以下为学校12(普通乡镇初中)L物理教师的访谈记录。

笔者:学校没有开设创新实践课程,作为一名物理教师,您认为培养学生创新素养的难点在哪里?

L教师:乡镇中学留守儿童多,家庭教育资源有限,普遍表现出学习积极性不高的特点,再加上小学的基础薄弱,学生完成基础课程的学习已显困难。除了学生学情之外,培养学生创新素养最大的难点是教师不知道怎么做才能达到培养的效果。如果有一套成熟的方案可以借鉴,也许可以尝试。

由以上访谈记录可以看出,学校在创新素养培育过程中遇到的困难集中表现在师资薄弱、课时不够、缺少活动空间、缺少可操作的活动方案等,既有客观原因,也有主观原因。若能挖掘现有课程(如初中物理课程)中的创新素养要素,在课堂学习的过程中完成创新素养的培育,将是走出此困境的绝佳选择。

三、对创新素养类教师标准的认识

教师的知识和水平直接影响学生创新素养的培育效果,学生创新素养的培育需要专业型、研究型、创造型的教师队伍来支撑。

以下为学校5(普通市级初中)R教师的访谈记录,R教师担任创新实践课程教师多年,有着丰富的经验。

笔者:您担任创新实践课程教师多年,积累了很多经验。您认为能胜任创新实践课程的教师应具备哪些素质或应做哪些努力?

R老师:培育学生的创新素养,对教师提出了很高的要求。首先,教师要不断学习,提高自己的业务能力,包括专业素养和跨学科素养。其次,要活化思维,努力做一名有创新精神和创新能力的教师。具体针对以下几个方面谈一下:教师要基于课程标准制定精准的、可观察和测量的教学目标,选择的学习主题能够激发学生的思维、培养学生的能力;要创设丰富的情境,引导学生动手动脑、创新创造;要设计方式多样的教法和学法,引导学生自主学习;要规划恰当的评价内容和方式,鼓励学生探索发现和提问;要做好学生学习的指导者,利用情境启发学生思考、质疑、实践;要做好学生学习的组织者,扩宽学生的思维训练空间,课内与课外相结合,课堂与户外相结合;要做好学生学习的合作者,尊重学生的个性,多倾听学生发言,给学生发表不同言论的机会,对于表现优秀的学生及时鼓励表扬,对于学生的不足要及时指出并共同修正。除课堂教学外,还可以通过各种课外活动提升学生的创新素养,如辩论会、科技展、发明比赛等。只要教师多加思考,细心准备,就一定能找到适合本校学生的培育创新素养的办法。

由访谈可以看出,授课教师的教育理念、能力结构、执教水平等影响学生创新素养的培育。R教师的观点也得到了其他受访教师的认同。合理优化教师的专业素养是提升学生创新素养的首要因素。

第三节 初中学生创新素养培育现状及归因分析

一、初中学生创新素养培育存在的问题

(一)学校:创新素养培育存在认识盲区和误区

学校是培育学生创新素养的主阵地,多年来,受应试教育的影响,学校普遍对创新素养培育存在认识盲区和误区。一是培养对象范围狭窄,认为

创新素养培育就是特长生培养。学校认为,创新素养培育仅是针对少数有特长的学生,如美术特长、物化生特长等,导致创新素养培育变成了少数学生的专项培养。创新素养的培育应面向全体学生。所有的学生都有创新潜能,创造性是可以培养的。二是培育方式单一,认为创新素养培育就是动手制作。在调查的所有学校中,创新素养的培育方式仅局限在课外的美术创作、科技小发明和小制作等方面,忽视了课堂教学主阵地对学生创新素养培育的重要作用。三是培育内容单调,认为培育创新素养就是开展第二课堂。学校仅提供学生活动的场地和硬件设施,缺少师资以及课程内容、实施、评价、保障等各项体系建设,创新素养培育只有形式,缺乏内涵。

以下是学校5(普通市级初中)L副校长的访谈记录。

笔者:请问贵校为培育学生创新素养做了哪些准备工作?

L校长:因为校舍紧张,我校现阶段主要是利用现有的各种功能教室开展学生创新素养培育活动,如美术教室、微机教室、理化生实验室等。每个功能教室都配备多媒体,无线网络畅通,有齐全的各学科实验器材和专用工具供学生使用。

笔者:请问贵校学生创新成果有哪些?有哪些培育经验?

L校长:我校学生创新素养培育刚刚起步,主要是与学科有关的项目化学习,如科幻画展、科技小发明和小制作等。至于经验,是我们最欠缺的。学校没有专职教师,教师的教学任务重,分身乏术,很难全身心地投入此项工作。到目前为止,学校面临的最大难题就是如何解决师资匮乏和教师相关专业素养不高的问题。

学校在教学中存在认识误区,极大地影响了学生创新素养培育的效果。找到既不增加教师和学生的负担,又能切实提高学生创新素养的策略和方法具有重要的意义。

(二)教师:创新素养培育理念落后,相关专业素养欠缺

教师是培育学生创新素养的总设计师,教师的理念和素养直接影响培育的效果。调查中发现,教师存在如下问题:一是理念落后。一线教师不能精准定位创新素养的内涵,活动局限在动手实践上,如创新设计、创新发明

等，意识不到支撑动手实践的创新人格、创新思维对学生创新素养的作用。二是落实不到位。仅在第二课堂或兴趣小组开展创新素养培育，忽视了日常教学对培育学生创新素养的作用，课堂教学仍以灌输式、讲授式等传统教学方式为主，缺少对学生创新人格和创新思维的培养。三是专业素养欠缺。受传统教育教学知识体系的影响，教师缺少培育学生创新素养应具备的知识和经验，不能满足学生成长和学习的需要。

以下是学校8(普通县(区)初中)S教师的访谈记录。

笔者：请问您在培育学生创新素养的过程中遇到的最大困难是什么？

S教师：我遇到的最大困难就是对创新素养的概念不是很清楚，虽然课标上出现了创新能力、创新思维等相关的概念，也听过很多专家的报告，但对其具体内涵依然不清晰，因此影响了教学实施。

笔者：您在培育学生创新素养时主要采用哪些形式？

S教师：我校主要利用第二课堂开展创新素养培育，主要是与美术相关的科幻画作，与计算机相关的程序设计，与物化生相关的创新发明等。

笔者：您在开展创新实践课程前有相关的教学设计吗？学校有相关的制度要求吗？

S教师：说实话，我们总感觉创新实践课程是副业，不可能像其他课程那样进行详细的教学设计。最重要的一点是，感觉自己力不从心，对创新素养相关课程内容不能很好地认识和把握，所以只是粗略的设计。学校也没有相关的制度要求。

由此可见，教师的认知不足、能力不够是培育学生创新素养的重要障碍。

(三)社会：缺少培育学生创新素养的社会氛围

当今社会存在一种误区，认为教育是学校的事情，忽视了社会在学生成长中的责任和义务。社会上的各企事业单位、科研院校以及社区等，能够为学生创新素养的培育提供资金、场地、技术支持，是学校教育不可缺少的支撑资源。在调查中发现，学生很少有机会迈出校门，走入科技馆、创新实践基地等，各社会团体也很少举办青少年创新活动，因此，需要进一步激活社会资源，支持学生创新素养培育。

以下是学校10(普通乡镇初中)L教师的访谈记录。

笔者:您认为学生有必要走出校门参加创新活动吗?

L教师:学生本身是很乐意走出校门的。社会上的很多资源是学校不具备的,如科技馆、实践基地、工厂、科研院校等,能够在资金、设施、人员等方面为学生提供更丰富的学习资源,有利于学生开展创新实践。所以,学生还是很有必要走出校门参加创新活动的。

笔者:请问您的学生有校外参加创新活动的经历吗?

L教师:让学生走出校门参加创新活动,面临很多复杂的问题,如:学生安全问题、与各级领导的沟通问题、学校领导的支持问题、家长的理解问题等,往往需要专门的人员进行协调,费时费力,并且效果不一定好。社会团体组织了青少年创新活动,比如青少年科技创新大赛,但是这类活动很少,并且只有少数学生能够参加。

由此可见,有效利用社会资源是培养学生创新素养的有效途径。

(四)家庭:育儿理念不科学

家庭在孩子成长中起着不可替代的作用。习近平总书记指出:“广大家庭都要重言传、重身教,教知识、育品德,身体力行、耳濡目染,帮助孩子扣好人生的第一粒扣子,迈好人生的第一个台阶。”随着社会发展,家长的育儿理念也在不断发生转变,已经认识到培育创新素养对孩子长远发展的重要作用,但受传统应试教育思想以及社会风气的影响,孩子的分数仍然是家长最重视的。家长缺少培育创新素养的意识、没有创设培育创新素养的家庭氛围是培育学生创新素养的重要障碍。

二、初中学生创新素养培育问题归因分析

(一)传统应试教育的教学理念偏颇化

多年来,高考指挥棒下的应试教育思想已影响到社会的方方面面,虽然高考的考核制度在不断改革,但千军万马过独木桥的现状没有改变,分数为重的思想依然根深蒂固、深入人心。对学校来说,各项考核制度、评优评先

等都和学生成绩有关；对教师来说，学生成绩是评价教师绩效的重要标准；对家长来说，学生成绩更是全家的期望。创新素养培育是一个系统工程，收效甚微甚慢，不可能像学习成绩那样在短期内有明显的变化，所以当学生的兴趣爱好与学习成绩出现矛盾时，不得不给学习成绩让路，从而使得创新素养培育成为面子工程。

以上传统的教育教学理念是影响学生创新素养培育的根源所在，亟须转变学校、教师和家长的理念，使他们明确两个关键问题：一是培育学生的创新素养和提高学生的学习成绩不是非此即彼的对立关系，培育创新素养和新课程标准的要求是一脉相承的，培育创新素养的过程就是落实新课程标准的过程。二是培育学生创新素养的主阵地是课堂，它不是某个学科、某个兴趣小组、某些特长学生才有的专利，每门学科都有独特的创新素养培育价值，每一堂课都蕴含丰富的创新素养培育素材，每位学生都具有无限的创新素养潜能。

（二）创新素养培育的教学内容浅表化

学生创新素养的培育是一个系统工程，需要建立健全内容体系、实施体系、制度体系、评价体系、保障体系等，需要全校上下、全体教师共同参与。在调查中发现，很多学校的创新素养培育只有几名教师负责设计和实施，虽然形式多样，活动热热闹闹，但学校对学习形式的关注度大于学习内容，其主要作用是树立创新学校的形象，有利于对外宣传。由于学生对学习内容缺乏深度思考，学习后收效甚微，对学生创新素养培育的意义不大。这种只见形式、不见内容的教学现状，影响了创新素养培育的教学效果，亟须完善创新素养培育的策略方法及实施内容。

（三）创新素养培育的教学方式单一化

虽然课程改革已实施多年，教师的教学理论和教学方式已有很大改变，但讲授式、填鸭式教学依然是教学方式的主流，教学目标局限于学生学会知识，盛行“题海战术”，导致学生的学习兴趣不高，学习效率低下。重复练习、强制记忆下，学生无法实现“学会学习，自主发展”的成长目标，势必造成创新人格缺乏、创新思维不足、创新实践能力低下。

教学方式与教师的教学理念和教学素养息息相关。针对现状，迫切需要改变教研形式，形成教研合力，提升教师的教学水平，实现教学方式多样化，扎实推进教师专业素养的提升。鼓励教师在教学中运用真实情境、突出问题导向、注重实践探究，引导学生不断探索，提高学生分析问题、解决问题的能力，提升学生的创新素养水平。

基于创新素养培育的背景、现状和归因分析，要想让创新素养培育在一线教学中落地生根，亟需找到创新素养培育与课堂教学的契合点。本研究指向基于创新素养培育的初中物理跨学科实践学习，以期为培育学生创新素养提供借鉴。

第三章 创新素养培育和初中物理跨学科实践学习的适切性

第一节 初中物理跨学科实践学习中培育学生创新素养的必要性

一、培育学生的创新素养是初中物理跨学科实践学习的目标追求

作为《义务教育物理课程标准(2022年版)》中新增添的一级主题,跨学科实践既是初中学生学习物理的手段,更是重要的学习内容。跨学科实践的学习目标和义务教育物理课程目标是一致的,那就是培育学生的核心素养。创新素养的三个维度——创新人格、创新思维、创新实践,其内涵在物理核心素养中都有具体体现:创新人格指提出创造性见解的品格与能力,与科学态度和责任息息相关;创新思维指创造性地分析问题的能力,表现出模型建构、科学推理、科学论证、质疑创新等科学思维特性;创新实践指创造性地解决问题、产出创新成果的能力,科学探究为创新实践提供知识和技能,创新实践的结果也可以为科学探究提供新的思路和启示。创新素养是物理核心素养的重要组成部分,培育学生的创新素养就是发展学生的核心素养,它是初中物理跨学科实践教学的目标追求。

二、培育学生的创新素养是初中物理跨学科实践学习育人价值的体现

初中物理跨学科实践学习面向全体学生,尊重学生的个性发展。《义务教育物理课程标准(2022年版)》明确指出:初中物理跨学科实践的内容设计旨在发展学生跨学科运用知识的能力、分析和解决问题的综合能力、动手操作的实践能力,培养学生积极认真的学习态度和乐于实践、敢于创新的精

神。初中物理跨学科实践可以将物理与多学科交叉、与多领域融合，帮助学生建立学科间的联系，整体全面地认识自然事物；初中物理跨学科实践通过生动真实的学习情境、多样化的实践途径激发学生的创新意识；初中物理跨学科实践通过在实践中引导学生不断发现问题、探索策略、解决实际问题，提高学生的创新实践能力；初中物理跨学科实践通过开展多样化的合作活动，帮助学生实现个人价值，提高学生的团队合作能力。

初中物理跨学科实践通过多样的实践方式和教育形式，能够促进学生创新人格、创新思维、创新实践能力的发展。

（一）初中物理跨学科实践学习可以彰显学生的创造力和想象力

初中物理跨学科实践学习打开了一扇突破传统学习方式的大门，为学生提供了更广阔的视野，学生的创造力和想象力得以充分彰显。

与传统教学中相对抽象和理想化的问题不同，在初中物理跨学科实践学习中，学生面对的是真实复杂的任务情境。例如，在研究大火做饭还是小火做饭更节能的学习活动中，学生需要融合物理学中的燃料燃烧、气灶效率、物态变化，以及劳动课上的燃气表读数、烹饪技术等多学科内容。面对这样的复杂任务，仅靠课本上的公式和规律是不行的。这种将烹饪与节能相结合的实践过程，极大地激发了学生的创造力。

初中物理跨学科实践为学生自主探究和实践创新提供了无限可能。例如，在制作潜水艇模型的项目中，学生在掌握物体浮沉原理的基础上，讨论潜水艇模型的材料选择、配重设置、组装方案等，在实践中发现问题并不断改进，从而推动实践项目向更高效、更具创新性的方向发展。

此外，初中物理跨学科实践为学生提供了广阔的交流与合作空间，为不同智能水平的学生提供了发展特质的机会。例如，在团队合作完成“绿色房子”的设计与制作的实践任务中，学生相互交流、相互促进，擅长物理的学生提出了能量转换的可行性方案，擅长生物的学生提出了生态宜居的设计创意，擅长美术的学生赋予其独特的造型……最终呈现出一个集多种创新元素于一体的节能环保的“绿色房子”模型，彰显了学生的创造力和想象力，为学生在未来更广阔领域的创新发展奠定了坚实的基础。

（二）初中物理跨学科实践学习可以发展学生的创新思维

在初中物理跨学科实践学习的过程中，学生置身真实而富有挑战性的情境，开启自主探索之旅。以设计和制作杆秤为例，学生首先要自主规划整个项目的流程与步骤，从古代称量仪器的研究，到杠杆平衡条件的探究，再到运用工程技术完成杆秤的制作。在这一过程中，学生会遇到诸多难题，如杆秤材料的选择、定盘星的确定、秤星的标注等。正是在解决这些难题的过程中，学生的创新潜能被不断激发。学生需要打破常规，尝试新颖的材料组合、独特而科学的秤星标注方式，从而让自己的作品更加完善和实用。每一次攻克难题，每一次优化方案，都是学生创新思维得到发展的有力见证。

（三）初中物理跨学科实践学习可以外化学生的创新实践能力

初中物理跨学科实践为学生提供了一个广阔多元的学习平台，使得学生的创新实践能力得以充分地外化展现。

首先，在初中物理跨学科实践学习中，学生需要综合运用多学科的知识、技能、方法来解决实际问题。例如，在设计制作风力发电机模型时，学生既要利用物理学中的能量转换原理、电学知识来设计电路，实现发电机的组装与连接，以确保机械能转化为电能，让小灯泡发光；又要运用地理学知识，分析当地风能的特性，使风能最大化利用；还涉及数学知识，要进行数据的测量与计算，完成风扇叶片的角度设计等。在完成多学科融合任务的过程中，学生将抽象的创新思维转化为具体的方案设计和动手实操，通过尝试不同的材料组合、电路连接、扇叶结构设计、整体组装等，最终制作出风力发电机模型。学生在动手操作的过程中把内在的创新实践能力以外在的作品形式呈现出来。

同时，初中物理跨学科实践通过团队合作和沟通交流来达成目标。在学习的过程中，学生需要分工协作，完成收集资料、实地考察、设计图纸、搭建模型等实践过程。在交流讨论的过程中，学生提出自己独特的见解和创意，并在同伴的帮助下不断优化。学生的创新实践能力在团队协作、沟通交流等实践行为中外化，学生直观地看到自己的创意在团队的努力下转化为实实在在的成果，不仅提升了自身的创新能力，也增强了团队的信心。

三、初中物理跨学科实践学习是培育学生创新素养的有效路径

初中物理跨学科实践突出跨学科性和实践性，是一种崭新的学习方式，缺少可借鉴的教学经验，不论是对教师的"教"还是对学生的"学"都是全新的挑战。对于教师而言，开展初中物理跨学科实践教学要求教师提高专业素养，包括全新的教育理念、多学科的知识和技能、设计实验的能力、解决问题的能力、组织管理的能力、与其他教师合作交流的能力等。此外，教师还需要接受相应的培训和训练，以提高执教水平，积累实践经验。对于学生而言，初中物理跨学科实践学习要求学生具有较强的自主学习能力、实践能力和团队协作能力，以保障全面掌握相关知识和技能，提出创新和优化的思路，灵活运用多学科知识，综合解决实际问题。

由此可见，初中物理跨学科实践对教师和学生提出了全新的要求，其实质就是创新型教师培养创新型人才，以创新为突破口，在学习过程中着重培养学生的创新人格、发展学生的创新思维、提升学生的创新实践能力。

第二节 初中物理跨学科实践学习中培育学生创新素养的可行性

一、初中物理跨学科实践学习为培育学生创新素养提供了课程资源

随着新课程方案的发布，各学科的新课标中都增添了跨学科实践的课程内容，要求用不少于10%的课时开展跨学科实践。在《义务教育物理课程标准（2022年版）》的课程内容中，跨学科实践是五个一级主题之一。新课标对跨学科实践的教学目标、内容要求、学业要求、教学提示、评价建议都作出了具体阐述，为课程资源的开发提供了依据，引导教师按照要求，基于物理学基本原理进行多领域拓展、多学科融合，做好跨学科实践的教学设计。作

为初中物理课程的重要组成部分，跨学科实践的育人目标是培育学生的物理核心素养。创新素养是物理核心素养重要的维度，在初中物理教学中开展跨学科实践，为培育学生创新素养提供了优质的课程资源。

二、初中物理跨学科实践学习为培育学生创新素养提供了实践场域

学生创新人格的形成、创新思维的发展、创新实践能力的提高需要借助实践活动来实现。初中物理跨学科实践学习打破了传统的教学内容和教学形式，为培育学生的创新素养提供了实践场域。在学习内容上，由物理课本知识拓展到日常生活、工程实践和社会发展领域；在学习时间上，将学习延伸到课前和课后；在学习空间上，将学习场所由教室拓展到家庭、户外、社会等；在学习伙伴上，由个人学习拓展到同学、教师、社会人员合作互助。由此实现课堂教学和课外活动相融合、理论学习与社会实践相统一，充分开发利用家庭、社会资源，让学生在实践中主动学习、合作学习、探究学习，提升学生动脑动手、分析解决问题的实践能力，培育学生的创新素养。

三、初中物理跨学科实践学习为培育学生创新素养提供了评价方式

《义务教育物理课程标准（2022年版）》中提出，坚持素养导向，注重以评价促进学生发展，构建目标明确、主体多元、方式多样、功能全面的物理课程评价体系。这就要求教师在教学中充分关注每个学生的个体差异，不仅要对学生进行终结性的学业成绩评价，还要重点关注学生的学习过程，采用多样化的评价方式和评价手段，及时跟踪学生的学习效果。在培育学生创新素养的过程中，如何对学生的创新人格、创新思维、创新实践水平进行实时评价是个难题。初中物理跨学科实践学习具有育人性、真实性、综合性、开放性等特征，为培育学生创新素养提供了可操作、可测量的学业质量评价方式。

在初中物理跨学科实践学习的过程中，可以从以下三方面对学生的创新素养进行评价：一是创新人格的形成，可以用价值体认来践行，它聚焦学生实践的“内化践行”，是指学生通过跨学科实践体验到学习价值，并内化为

自我的价值观念，外化的具体表现有好奇心旺盛、心态开放、乐于冒险、勇于挑战、思想独立、自信心强、内驱力足等。二是创新思维的发展，可以用问题解决来表现，它聚焦学生实践的"过程表现"，是指学生在分析和解决问题过程中的表现，重点评价学生利用物理学及跨学科原理解决问题时表现出的观察、分析、思考、创作等思维品质和学习成效。三是创新实践的开展，可以用学习物化来呈现，它聚焦学生实践的"成果物化"，可用制作模型、撰写报告、创作论文、设计作品等形式呈现学生的创新实践成果。初中物理跨学科实践学习中创新素养的评价方式如图3.1所示。

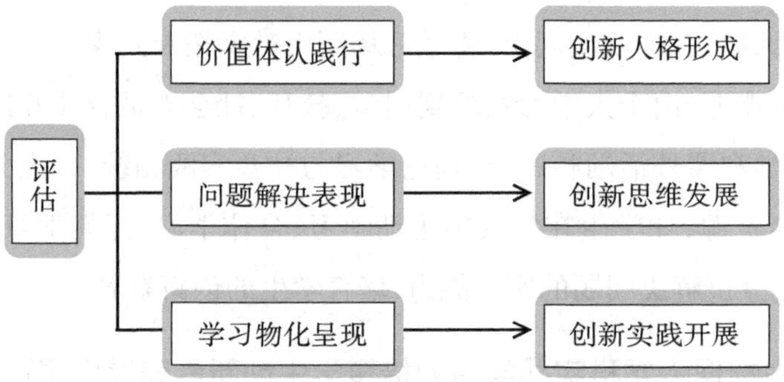

图3.1 初中物理跨学科实践学习中创新素养的评价方式

第三节 初中物理跨学科实践学习中培育学生创新素养的优越性

一、激发学习动机

学习动机是一种学习者的内在心理过程或内部动力，它由目标或对象所引导，并能激发和维持个体的学习活动。学习动机由两大要素构成：一是个体的内驱力；二是外部环境的诱因。内驱力着重强调个人主观能动性的作用，包括兴趣、好奇心和认知需求等；外部诱因强调外界刺激对人的作用，作用有正负之分，如表扬、鼓励等正强化可以对学习动机起到积极作用，而批评、挖苦等负强化则对学习动机起到消极作用。

初中物理跨学科实践学习将物理与其他学科结合，能为学生提供更有趣的学习场景。初中物理跨学科实践学习通常基于真实问题,使学生在动手动脑解决问题的过程中获得成就感和满足感。初中物理跨学科实践学习为不同智能水平的学生提供了发展特长的机会,鼓励学生全员参与、全程参与、全方位参与,让每个学生都能在实践中找到自己感兴趣的部分,以多样化的学习方式匹配学生不同的学习风格,满足学生不同的学习需求。初中物理跨学科实践学习能够激发学生的兴趣、好奇心和认知需求,从而激发学生学习的内驱力。同时,初中物理跨学科实践学习注重过程性评价,采用目标明确、主体多元、方式多样的评价方式,创设了师生、生生间和谐的学习关系,学生在愉悦的氛围中学习,良好的外部因素进一步强化了学习效果。由此可见,初中物理跨学科实践学习从个人内驱力、外部诱因两方面激发学生的学习动机,为培育学生创新素养创造了条件。

二、凝聚学科合力

传统的分科教学导致教师的专业素养单一,教学内容仅限于学科内部,课程学习具有局限性,导致学生的学习视野狭窄,彼此割裂的单科知识学习限制了学生创新素养的提升。

一是学科间的割裂学习致使学生获取的知识碎片化和表面化。对于学生来说,各学科的孤立学习使得获取的知识仅限于局部和表面,缺少与其他学科知识的交叉验证,导致学生不能从整体的角度来分析问题,缺乏对事物整体性的理解和认识。

二是学科间的割裂学习阻碍了学生创新思维的发展。单学科的学习使学生习惯于使用单一的思维方式来看待和分析问题,创新也仅限于学科内部,由此造成思维的整体性、连贯性、多样性、深刻性欠缺,从而限制了学生创新思维的发展。

三是学科间的割裂学习影响了学生创新实践能力的提升。学生的学习是分学科的,但自然事物和现实问题是不分学科的,单学科的学习容易使学生出现知识和实践相脱节的情况。在现实社会中,各行各业都需要通过多学科的交叉协作来完成复杂的工作任务，如果学科之间彼此割裂，势必会限制学生解决复杂问题的能力。

初中物理跨学科实践学习引导学生面对真实复杂的问题场景，基于物理学科的基本原理，突破传统学科边界，全面、系统、深刻地认识问题和分析问题，综合利用多学科的知识、方法和工具解决问题，启发学生产生新想法，形成新思路，为学生提供多角度综合解决问题的契机。由此可见，初中物理跨学科实践学习有助于凝聚学科合力，拓宽学生的视野，提高学生解决实际问题的能力，发挥多学科育人功能，共同助力学生创新素养培育。

三、发展多元智能

传统的讲授法教学，教师处于主导地位，学生被动接受学习，按照教师的指示亦步亦趋地完成任务，统一的学业标准和教学评价限制了学生的个性发展，不利于学生创新素养的提升。初中物理跨学科实践中学习中培育创新素养的教学过程，为学生提供了多样化的学习路径、全面化的评价方式，学生可以根据自己的喜好选择学习内容和学习方式，更容易接纳学习任务，发挥个体特长，有利于促进个性化学习，发展多元智能。

首先，初中物理跨学科实践学习可以发挥学生个体的智能优势。学生的学习风格各不相同，学习方式、学习节奏、接受水平等都存在差异。基于创新素养培育的初中物理跨学科实践学习包含多种学习方式，如实验探究、模型制作、实地考察等。以设计与制作“绿色房子”为例，既需要运用物理学原理进行图纸设计（适合逻辑型学生），又需要动手制作模型（适合操作型学生），还需要外观美化（适合艺术型学生），最终需要进行成果展示（适合语言表达型学生）。多样化的学习途径和学习方式充分满足了不同学生的学习风格，让每个学生都能在实践中发挥长处，从而满足学生不同智能类型的学习需求。

其次，初中物理跨学科实践学习可以促进群体的多智能发展。人的多种智能是相互独立又协同作用的，共同影响人的学习、工作等社会活动。基于创新素养培育的初中物理跨学科实践学习通过多样化的学习方式和丰富的互动交流,不仅能够让每个学生的优势智能得以充分展现,更为其他学生提供了学习借鉴的榜样。如语言表达型学生的展示发言引领大家展开热烈讨论,提高了全体学生的语言智能;逻辑型学生的方案设计激起了大家的共同探讨,提出更多的创造性观点,提高了全体学生的逻辑数学智能;操作型学生制作的模型激励大家动手操作,在产品优化过程中提高了全体学生的空间智能;团队学习的交流、合作、互助提高了全体学生的人际智能;等等。

由此可见,基于创新素养培育的初中物理跨学科实践学习不仅能让学生原有的优势智能得以充分发挥,还能在交流互动中带动其他潜在智能的发展,从而实现学生多元智能的发展。

第四章 基于创新素养培育的初中物理跨学科实践学习教学设计

第一节 初中物理跨学科实践学习的内涵

初中物理跨学科实践将物理学科的学习内容拓展到日常生活、工程实践和社会发展中，通过创设真实情境，引导学生经历丰富的学习活动，产生多样化的学习成果，旨在培育学生的创新意识、创新思维、实践能力、社会责任感等素养。

第一，坚守学科立场。初中物理跨学科实践学习的基础是物理课程。跨学科的实质是将学习由物理课本延伸到生活、社会等现实情境中，围绕真实问题，设计实践性学习任务，综合运用多学科知识、技能、方法、工具，让学生在完成任务、解决问题的过程中强化物理观念，深化物理与其他学科知识的融合。教师要坚持学科立场，固守物理学科属性，彰显物理学科价值，不能偏离物理学科育人目标。教师要树立“基于学科才能跨出学科，跨出学科才能完善学科”的教学理念，让学生深刻理解物理学科的核心概念和原理，明确所研究问题的物理学科属性，在情境问题中挖掘物理学科与其他学科的本质联系，在此基础上，全面、正确、客观地分析和解决问题，提升学生的创新实践能力。

第二，坚定实践主线。初中物理跨学科实践学习的主线是实践。相对于传统教学中的传授式教学方式，跨学科实践学习指向真实情境下的问题解决，引导学生手脑并用，将学习场所由教室延伸到实验室、家庭、社区、工厂等，让学生综合运用观察、调研、实验、制作、报告等方式，亲身经历规划、探索、解释、拓展、评估等完整的学习过程,以获取新知识和新技能。初中物理跨学科实践学习指向培养学生的核心素养尤其是创新素养,学习过程突出实践性,学习成果突出物化性,用图、文、实验报告、模型、论文、方案等显化学习成果,在实践过程中培养学生解决问题的能力。

第三,坚持多维度和立体化。初中物理跨学科实践学习是一种多维度和立体化的学习方式。一是将学习内容跨向日常生活、工程实践和社会发展,以解决实际问题为学习目标,以实践探索为学习路径,提高了学习的广度;二是将学习视角跨向多种物理知识,加强力学、热学、电学、光学等的联系,将物理知识点交叉运用和融合,提高了学习的厚度;三是将学习方法跨向不同学科,将多种学科的知识技能、思维方式、学科工具、价值观念等结合起来,形成强大的合力,解决综合性问题。

综上分析,初中物理跨学科实践学习是指:以物理学科为中心,将物理学科与日常生活、工程实践、社会发展紧密联系,在真实情境下,综合运用不同学科的知识、方法和价值观念,对研究主题进行分析、设计并解决问题的学习活动。

一、物理学与日常生活

(一)主题内涵

物理学是人类对自然界中存在的物质的基本结构、相互作用和运动规律的认识。物理学来源于人们在生活生产中与自然界的相互影响,来源于人们对周围环境的观察、思考和实践。近代以来,物理学得到突飞猛进的发展,在力学、电磁学、热光、光学、原子物理、粒子结构等方面有了一系列重大理论突破,推动人类社会生活产生了巨大变革。

物理学习具有不可替代的育人价值,物理教学要以当地的自然、经济和社会环境为背景,选取对学生身心发展有益、对社会发展有用的实践内容,引导学生走进生活、观察生活,把所学知识应用于真实问题的解决并创造新的生活。

开展物理学与日常生活跨学科实践学习，可以激发学生的好奇心、求知欲和研究潜能，有助于创新人格的养成；能够培养学生的观察能力、分析能力、归纳演绎能力，有利于创新思维的发展；还可以在解决现实生活问题的过程中发展学生的创新实践能力。

《义务教育物理课程标准(2022年版)》中对物理学与日常生活跨学科实践提出的内容要求如下：

1.能发现日常生活中与物理学有关的问题，提出解决方案。

这条标准有两层要求，并且是能力递进的关系。

第一层要求是“能发现生活中与物理学有关的问题”。“问题”是科学探究这一物理核心素养的第一要素。教师要引导学生细心观察身边最常见的事物和现象，发现其和物理学习的联系，并尝试提出物理问题，激发创新思考。

生活中与物理学有关的问题范畴广泛，既包括日月星辰、山川湖海等自然现象，也包含衣食住行、娱教医养等民生所需，还包括上天入海、人工智能等科技发展，涉及社会生活的方方面面。要发现生活中与物理学有关的问题，教师首先要激发学生的好奇心，引导学生热爱生活、关注社会，有意识地对身边的现象进行观察，思考背后的物理学原理；还要在学生细心观察的基础上，鼓励表扬学生积极思考，在生活情境中提出自己感兴趣的问题；更要指导学生参加家务劳动和社会实践，使学生通过亲身感受，发现其存在的问题，从而提出改进和优化的设想。例如，学生在厨房做饭时，针对开大火做饭还是开小火做饭更节省天然气的问题，与家长产生了不同的意见，于是提出“大火做饭还是小火做饭更节能”的研究主题。

第二层要求是“提出解决方案”。提出解决方案的过程就是理论应用于实际的过程，指学生针对所提出的问题，通过开展研究、调查或实验，依据事实、证据或数据，创造性地提出可行的解决方案或建议，它是理论学习在实际应用中的显性表达。例如，针对“大火做饭还是小火做饭更节能”这一主题，可以根据以下思路展开研究：

第一，找出问题的物理学本质。“大火做饭还是小火做饭更节能”这一问题的物理学本质是热量损失与哪些因素有关。学生通过分析不难发现,做饭时的能量损失绝大部分是对空气散热,影响对空气散热的因素有煤气灶的加热时间、室温高低、煤气灶火焰与空气的接触面积(即大火还是小火)。

第二,设计方案。对个人做饭习惯进行调查,有以下做饭用火方案:方案一,始终用大火做饭;方案二,始终用小火做饭;方案三,先大火烧水至沸腾再转中小火做饭。

第三,对每个方案消耗能源的情况进行分析,并猜想最节能的方案。本环节需要用物理学原理来分析现实情境中的问题。方案一,大火做饭虽然缩短了水到达沸点的时间,但对于非密闭的锅具,水沸腾后温度不再升高,一直用大火加大了火焰与空气的接触面积,造成能源浪费;方案二,小火做饭虽然可以减小火焰与空气的接触面积,但加热时间长,会造成能源浪费;方案三:沸腾前用大火加热,缩短了水到达沸点的时间,沸腾后用中小火做饭,既可以减少天然气的用量,又可以维持沸腾的状态。通过以上分析,第三种方案可能最节能。

第四,实践证明。判断以上猜想是否正确,可以利用实验进行检验。用三种方案分别达到相同的烹饪效果,观察天然气表,记录消耗的天然气的体积,利用收集到的信息进行数据分析,作出判断,得到结论。

2.能运用所学知识分析日常生活中的安全问题,提出解决方案,践行安全与健康生活。

此标准不仅要求学生善于发现生活中的安全问题,还要求学生提出具体的解决安全问题的方案,践行安全与健康生活。

当今社会,人们面临各种各样的安全问题。在日常生活中,很多安全问题与学科知识相关。例如,与物理学科相关的安全用电、电磁和核辐射安全防护、实验室安全,与生物学科相关的食品安全、卫生防疫、环境安全、疾病预防,与化学学科相关的化学品(药品、化妆品)对人体和环境的污染、化学实验室安全,与体育健康学科相关的体育运动安全、体育器材使用安全,与道德与法治学科相关的交通安全、生命安全,与地理学科相关的自然灾害预防、空气质量安全等。以上安全问题,虽不完全属于物理学科范畴,但与物理学中的物质、运动和相互作用、能量等物理观念密切关联,是提炼初中物理跨学科实践主题的绝佳素材。

以“生活中的安全问题”作为跨学科实践学习的主题,可以提高学生的安全意识,预防各类事故的发生,优化生活方式,普及安全知识,不仅能有效地保护自身安全,还能将所学的知识转化为生活技能,培养学生的创新思维和实践能力。

例如,关于家庭安全用电的问题。针对家用电器的使用,学生发现存在用电安全隐患,提出跨学科实践学习主题“我是电路安装工程师”。为完成这一主题学习,学生需要了解家庭电路的组成、各种家用电器的安全用电要求、电路的合理安装方式等基础电学知识,还要探究引起家庭电路电流过大的因素,得到家庭用电安全隐患的解决方案。

第一,分析家庭电路存在的安全隐患。检查家庭电路中的电源、电线、插头等是否存在老化和损坏的状态,是否存在电器过载、漏电等安全隐患,通过实地调查发现存在的用电安全问题。

第二,针对各类安全隐患提出解决方案。例如:对于老化或损坏的电源、插头和电线,应更换或修理;对于电器过载的情况,应合理规划电线连接方式等。

第三,评估解决方案的可行性。对于提出的每一个解决方案,评估其可行性。例如:针对老化或损坏的电源、插头和电线,要考虑所需的材料和工具,是否在现场进行更换,是否对家庭生活造成影响等。

第四,组织实施方案。根据解决方案的评估结果,确定优先级、实施时间表和实施过程中需要特别注意的事项,然后请有专业资质的电工人员实施。

第五,持续监测维护。在实施整改方案后,持续监测家庭电路的情况,以便及时发现新的隐患和问题,对电路进行维护、修理和更新。

又如,关于体育与健康中器械使用的安全问题。基于物理学中力与运动的原理,正确认识体育器械的结构与使用方法。对器械的构造原理进行解析，示范正确的使用方法，强调安全规则，形成体育器械安全使用规范，用以监督和指导学生正确使用器械，减少安全事故，提高学生的安全意识，保障学生安全。“体育器材使用安全隐患解决方案”可以从以下几方面展开：

第一，器械原理分析。从力和运动的角度对体育器械的构造原理进行详细的分析，包括构造、用途、操作指南和安全注意事项等。通过原理解析，不仅可以帮助学生更好地理解器械功能和安全使用方法，还可以促进物理学知识的应用。

第二，器械使用示范。通过请教体育教师，理解使用器械的方法、步骤、姿势等。对于特别重要或易受伤的部位，需要着重进行强调。通过示范，学生可以更好地理解如何正确使用器械，减少安全事故。

第三，制定安全规则。根据教师的指导，学生制定使用器械时需要遵守的安全规则。例如，戴上适合的装备、对器械进行正确的调整、防止意外碰撞等。通过制定安全规则，可以促进学生更好地理解如何在使用器械时保持安全。

第四，监督和指导。教师在体育器械使用过程中密切监督学生并进行指导，确保学生在使用器械时遵守安全规则。特别是初学者，需要更多的监督和指导。学生掌握了正确的使用方法后，可逐渐减少教师的参与。

提出安全问题的解决方案并不是学习的结束，将安全规则内化为自觉行动才是学习的目标。在解决安全问题的过程中，教师要引导学生学习安全知识和安全技能，还要激发学生的安全意识。教师要引导学生树立健康的生活理念，将践行安全与健康生活内化为自觉行为。除了关注自身安全外，还要引导学生关注他人和周围环境，发现安全隐患则及时整改，阻止不安全行为和事件的发生。

3.能运用所学知识指导和规范个人行为，践行低碳生活，具有节能环保意识。

这条标准指的是学生通过跨学科实践学习掌握了相关的知识和技能后，能够将知识和技能转变为日常生活中的行为准则，减少对环境的负面影响，践行低碳环保的行为规范。

“能运用所学知识指导和规范个人行为”是指：通过跨学科实践学习，掌握相关的知识和技能，如节能环保的方法、资源的利用与保护措施等，然后利用这些知识来约束和规范自己的行为，减少对环境的负面影响，如节约用水、节约能源、分类回收垃圾、减少使用一次性物品等。

“践行低碳生活”是指：通过自身行为的改变，真正地践行低碳生活理念，如选择公交地铁出行、减少使用私家车、少用塑料制品等。

“具有节能环保意识”是指：正确理解人类行为对环境的影响，能够在日常生活中落实低碳环保理念，践行低碳环保的生活方式。

为了达到这条标准的要求，可以采用“调查研究—分析现状—制定规则—规范行为”的流程来学习。例如，对当地空气质量状况进行调查，深入了解当地空气质量的现状，通过文献学习，结合跨学科知识，深入分析空气质量不佳的原因，思考改善当地空气质量的方法，改变自己的日常生活习惯，从我做起，践行低碳生活方式。

（二）教学设计说明

开展物理学与日常生活跨学科实践学习，教学设计要注意以下几个方面：

1.明确教学目标

通过开展物理学与日常生活跨学科实践学习，扩展学生学习物理知识的深度和广度，提高学生对现实世界的认知能力和解决现实问题的能力。

通过开展物理学与日常生活跨学科实践学习，引导学生将学习视野从课堂拓展到日常生活，发现生活中与物理学有关的现象，提出有价值的研究主题。学生经历解决真实问题的过程，运用科学方法进行分析、归纳和探索，能够进一步加深理论和实践之间的联系，运用物理学和跨学科原理，解决生活中的实际问题，落实“从生活走向物理，从物理走向社会”的育人理念。

2.精选教学内容

跨学科实践学习的教学内容要贴近学生的生活，为学生创造鲜活的生活体验。教学内容和学生生活的贴近程度越高，学生的代入感越强，创新素养的提升空间就越大。具体来说,应选择物理学与日常生活密切相关的内容,如力与生活、电与生活、能源与环境等,融合其他学科知识,综合解决日常生活中的现实问题。可以从以下几方面入手:引导学生发现生活中与物理学有关的现实问题,创造性地提出解决方案;引导学生运用所学知识分析日常生活中的各类安全问题、人身健康问题,提出可行的解决方案,践行安全与健康生活;引导学生运用所学知识规范个人行为,树立节能环保的意识,践行低碳生活。

3.优化教学方法

物理学与日常生活跨学科实践学习主要采用观察、考察、调查、实验、查阅资料、模拟、分组讨论等方式展开,引导学生贴近日常生活、感知存在的问题、提出研究主题、设计解决方案、进行成果展示和交流等,从而培养学生的创新意识和实践能力。

4.适配教学资源

应提供合适的教学资源,如实验装置、数字化资料、图书资料等,方便学生参与构建新模型、了解新工具、使用新软件等,提高跨学科实践学习的实效。同时,要鼓励学生走出校门,融入社会生活,将物理知识应用到日常生活中去,发现问题并提出解决方案。

5.多维教学评价

物理学与日常生活跨学科实践学习的成果表现形式主要有小论文、调查报告等。教学评价要重视过程性评价,教师应对学生在活动中的表现及时给予反馈。

二、物理学与工程实践

(一)主题内涵

物理学作为一门重要的自然科学,其重要内容之一是研究自然界物质的本质、结构及其相互作用关系。工程实践则是应用自然科学的原理和技术,设计、开发、制作新产品,以解决现实问题。物理学和工程实践有着密切的关系，主要表现在以下几个方面：

第一，物理学为工程实践提供了科学依据。物理学解释了自然界中各种现象的原理和事物的基本运行规律，为工程实践提供了基础理论和科学方法。例如，力学、电学、光学、热力学等物理学理论是机械设计、电路设计、信息技术、热传递等众多工程设计的理论基础。

第二，物理学为工程实践提供了思维方式和研究方法。在物理学的发展过程中，人们积累了丰富的思维方式和研究方法，它们不仅助力人们攀登一座又一座物理学高峰，也为其他学科和领域所采纳和借鉴，成为人类共同的宝贵财富。例如，利用定量分析、建构模型、科学推理、仿真模拟、科学探究等方法，可以帮助工程师更好地进行工程设计、实施和优化，保证工程实践的可行性和正确性。

第三，物理学为工程实践提供了生产技术。物理学的迅速发展带动了技术进步，互联网信息技术、电子计算机技术等生产技术都源于物理学的科学实验和理论研究，许多新技术的发明、新材料的发现涉及物理学原理，现代工业生产需要的各种仪器与自动化设备都需要物理学的支撑。同时，生产技术的发展支持了物理学的发展，物理学和生产技术互相融合，促进了生产力的进步。

综上分析，物理学与工程实践密不可分，二者互相关联、互相促进。一方面，物理学为工程实践提供了基础理论和技术支持；另一方面，工程实践为物理学提供了实验验证和应用场景，促进了物理学的发展。开展物理学与工程实践跨学科主题学习，不仅可以帮助学生了解不同学科之间的联系和相互影响，还可以为学生提供更多的实践机会，在解决实际工程问题的过程中培育学生的创新素养。

依据课程标准，物理学与工程实践跨学科主题学习包含以下三方面的内容要求：

1. 了解我国古代的技术应用案例，体会我国古代科技对人类文明发展的促进作用。

中华民族自古代起就有着发达的科技与文化，发明了造纸术、印刷术、火药、指南针等，推动了人类文明的进程，留下了珍贵的科技文化遗产。我国古代的科技发明都与物理学密切相关。本条标准要求学生了解我国古代的技术应用案例，以我国古代的技术应用案例为载体进行研究、探索和实践。通过研究案例，可以提升学生的民族自豪感，帮助学生深刻理解我国古代科技原理，转化为现代科技发展的动力和资源。根据《中国古代重要科技发明创造》（中国科学院自然科学史研究所编著），选择能反映我国古代科技发展水平、对世界文明有重要影响的技术，举例如下：

（1）翻车。翻车，也称龙骨车，最早见于《后汉书·张让传》的记载，是我国古代一种短程提水的装置。龙骨车由一个长槽、两个链轮、传动链条、刮片、曲柄等构成，可用手摇、脚踏或畜力。翻车应用链轮传动、翻板提升，以人力、畜力、水力或风力带动链条周而复始地翻转，装在木链上的刮板就能顺着水槽把河水提升到高处，然后流入田间进行农田灌溉。《天工开物》中记载的拨车就是翻车，如图4.1所示。

（2）扇车。扇车是一种筛除谷物杂质的粮食筛选农具，也叫飏扇、扬谷器，最早记录于西汉史游的《急就篇》。扇车主要由车架、外壳、风扇、喂料斗及调节门等构成，相当于一个离心鼓风机。扇车经历了半敞式扇车、封闭式扇车的演化，除了用作清除谷物中的糠、壳、瘪粒的农具外，后期还用于矿井通风。《顾氏图谱》中记载的扇车如图4.2所示。

（3）水碓。水碓是我国古代机械化、自动化的典型代表，它是一种利用水流驱动代替人工操作的舂米机械，最早记录于东汉桓谭的《桓子新论》中。水碓主要由立式水轮（装有板叶）、拨板、碓杆、碓头等构成。工作时，水流推动水轮转动，水轮转动带动碓杆上下往返运动，实现舂捣，其物理学原理包括能量转换、杠杆原理等。自晋代以来，水碓经历了连机水碓、水碓磨的革新，推广应用到更多需要捣碎的物品，如药物、香料，乃至矿石、竹篾纸浆等，节省了大量人力物力，提高了工作效率。《四库全书》中记载的连机水碓如图4.3所示。

图 4.1《天工开物》中的拔车

图 4.2《顾氏图谱》中的扇车

图 4.3《四库全书》中的连机水碓

我国古代的科技发明蕴含着丰富的物理学原理，选择其作为跨学科实践主题，一是可以引导学生了解我国的科技历史和传统文化，从而提升民族自豪感；二是可以通过制作模型引导学生不断尝试、调整和创新，提高学生解决问题的能力和创新思维；三是启发学生思考古代发明和创新成果对现代科技发展的影响，从中找到有益的启示，帮助学生客观全面地理解人类科技文明的发展成就和趋势，为推动科技和文化创新奠定基础。

2. 调查物理学应用于工程技术的案例，体会物理学对工程技术发展的促进作用。

工程技术范畴广泛，包括：机械工程技术，如机器人、汽车、飞机、工业机械等；电子工程技术，如电炉设计、集成电路制造、计算机硬件和软件开发等；环境工程技术，如环境保护、废水处理、空气污染控制等；建筑工程技术，如建筑物的设计、建造、维护、修复等；土木工程技术，如路桥、地基、隧道、堤坝等建筑物的设计与施工；生物工程技术，如生物医药、基因工程、生物材料、生物反应器等。

物理学揭示的有关力学、热学、电磁学、光学、声学等的普遍规律，是优化工程设计、解决实际问题的理论基础，在各类工程技术中发挥着重要的作用。通过跨学科实践学习，引导学生调查物理学应用于工程技术的案例，可以促使学生深刻理解物理学在不同领域的应用，帮助学生认识到物理学普适性的本质特征。学生通过调查案例,可以更深入地理解物理学原理,有利于提高学生的学科素养和技能水平。同时,针对学习中发现的问题和难点,激发学生找到解决问题的方法和思路并付诸实践,有利于培养学生的创新素养。教师可以引导学生初步了解工程技术的基本知识、基本技能以及实际应用效果等,为未来学习打下基础。

桥梁建筑技术是物理学原理在工程技术中的典型应用。在教学中,可选择生活中的桥梁作为研究载体,素材随处可见。学生结合生活实际,深刻体会物理学对桥梁发展的促进作用,体现了“从生活走向物理,从物理走向社会”的教学理念。

我国有着悠久的桥梁建造历史,我国古代的桥梁主要为拱桥和梁桥。

拱桥是指在竖直平面内以拱作为主要承重构件的桥梁。赵州桥是我国现存最早、保存最好的巨大石拱桥,位于河北省赵县的洨河上。它是隋朝的工匠李春设计和主持建造的,到现在已经有1400多年了。大桥全部用石头砌成,下面没有桥墩,只有一个拱形的大桥洞,横跨在37 m多宽的河面上。赵州桥的建造原理是利用拱体的受力特性,将桥面荷载的作用力分散到拱体上,通过拱体的支承作用,将荷载传递到墩台上,以保证桥梁结构的稳定和承载能力。赵州桥经历多次水灾、战乱、地震,至今屹立不倒,是我国乃至世界工程技术史上的奇迹。

图4.4 赵州桥

图4.5 洛阳桥

梁桥是指以主梁作为主要承重构件的桥梁。洛阳桥是我国现存最早的跨海梁式大石桥,位于福建省泉州市的洛阳江上,在世界上首次采用了“筏型基础”“种蛎固基法”的建桥技术。桥梁施工时,工人巧妙利用船的浮力以及涨潮落潮，实现将巨大石梁安置在桥墩上，解决了建造大型石桥的技术难题。洛阳桥历经900多年屹立不倒，被列为国家重点文物保护单位。

随着工程技术的进步，我国现代的桥梁形式更加多样化，突出的代表是刚架桥和缆索桥。

刚架桥是现代常见桥型，其主要结构部件由高强度的钢材或木材组成，可以承受很大的荷载，应用范围非常广泛。刚架桥由各种形状的截面构成，通常是由竖、横杆件和对角桥牙物组成，选材和结构的设计与荷载和跨度大小相关。刚架桥的主要作用是吸收荷载并通过强度结构来平衡桥体上的压力，使水平力转化为竖向力，使桥体更加稳定可靠。刚架桥具有结构简单、自重轻、跨度大、寿命长等优点，适用于铁路桥、公路桥和步行桥等多种场合的建设。

缆索桥是悬索桥和梁桥的结合形式，其特点是通过悬吊在桥塔上的缆索来承担桥面的荷载，桥面支持在缆索和桥塔之间的梁（横梁或斜梁）上。缆索桥与悬索桥一样，均为受压结构，不同之处在于缆索桥的缆索与桥面之间的角度较小，一般小于45°。缆索桥的缆索通常为钢缆，在锚固点上预拉一定的张力，通过吊装将缆索与桥塔固定，将桥塔承担的吊杆与缆索进行连接。缆索桥的主梁通常为钢结构或钢混凝土结构，可以按照需要的大小和跨度进行组装。缆索桥能够应对高强度的风、地震和水流等外界环境的影响。缆索桥不仅适用于大跨度的桥梁建设，还适用于各种场合，包括公路桥、铁路桥、步行桥等。相比于悬索桥和梁桥，缆索桥的建造成本更低，施工周期更短，耐用性更高，具有很高的安全性和灵活性，并且具有较强的抗风效果。在现代桥梁建设中，缆索桥得到了广泛应用。

桥梁是连接人与人、人与自然的工程纽带，在日常生活中扮演着重要的角色。学生通过调查物理学在桥梁建筑方面的应用案例，能够深入了解桥梁的结构、设计原理、材料等细节问题，了解物理学在建造高质量桥梁方面的重要作用。通过建立物理学与实际问题的联系，有助于提高学生创造性地解决实际问题的能力，使他们在以后的学习和生活中能够更好地利用物理学知识来解决实际问题。

除了桥梁工程技术之外，生活中还有很多其他工程技术与物理学密切相关，如房屋的设计与施工、飞机制造、火箭制造、发电机制造等。学生可以选择自己熟悉和感兴趣的项目进行研究，体会物理学对工程技术发展的促进作用。

3.了解物理学在信息技术中的应用。

信息技术涉及多个方面，主要包括计算机技术、通信技术、数据库技术、网络技术、人工智能、物联网技术等。信息技术在生活中应用广泛，如电话、广播、电视、移动通信、网络通信等，都与物理学密切相关。

例如：电话的工作原理是利用电磁感应将声信号转换为电信号，通过通信线路传输，在接收端再将电信号转换为声音，实现人与人之间远距离沟通。广播的工作原理是将声信号转换为电信号，经修改和调制等处理后，通过发射机生成电磁波，由天线发射传播到指定区域内，被地面门户接收器及喇叭转化成声信号再输出来进行传播；电视的工作原理是将图像和声音转换为电信号，形成可用于电视信号传输的视频信号。视频信号包含图像和音频信息，通过放大、滤波、编码、压缩和处理噪声等模块，生成一个用于传输的电视信号。电视信号经过校验、加密、调制、放大等处理，通过电视转播台传输出去。终端的电视机利用特定的天线捕捉到外部的电视信号，并将其转化为图像和声音。移动通信的工作原理是通过移动设备、基站和核心网络进行电信号转化、无线电波发送等多个环节，实现信息传输。网络通信的基本原理是将数据转换成能够在网络上传输的信号，然后将信号通过各种传输介质如有线网络或无线网络传输到目的地。

信息技术在教学中也有广泛的应用。例如：由各种音频、视频等组成的数字化资源丰富了学习素材；利用传感器和计算机等进行数字化实验，具有操作简便、测量准确、数据可视化等优点；利用智能测评系统能够对学生的学习效果进行智能化评价，并能做出统计分析、及时反馈测评信息等。

以上信息技术都是以物理学原理为基础的，具体来说，涉及电磁感应、电流的磁效应、数字通信、无线电波的传播、微波通信、光纤通信等。以此为主题开展跨学科实践学习,引导学生了解物理学在信息记录与传播中的应用,不仅能够拓宽学生的知识面,提高他们的学习兴趣,更重要的是,还可以提高学生的创新素养,有助于学生将理论知识转化为实践能力。

(二)教学设计说明

工程实践注重实际应用,涉及多个学科领域,要求学生有较高的团队合作精神、创新能力及安全意识。进行物理学与工程实践跨学科主题教学设计,应注意以下问题:

1.突出实践性

物理学与工程实践跨学科实践学习应突出实践性,要以实践能力的培养为核心,着重培养学生的观察分析能力、调查研究能力、实践操作能力等。根据教学目标选择相匹配的教学内容、教学方法、教学评估方案,帮助学生逐步掌握实践技能及理论知识。

2.理论和实践相结合

虽然生活中的工程实例随处可见,但学生对其原理研究甚少,更缺少实操机会。物理学与工程实践跨学科实践学习应突出理论和实践相结合的原则,践行“做中学”的理念,指导学生在解决工程实践真实任务的过程中,学习理论知识,掌握操作技能,提升实践能力。教学设计既要注重实践性,突出问题导向,又要重视理论知识,使理论和实践相互联系,帮助学生达到最优的实践效果。

3.精选教学活动

教师应根据学生的实际情况,选择适切的学习内容,组织合理的教学活动,如创新实验、模型制作、课堂演示、实地调查等,以达到应用理论知识、强化实践操作的效果。同时,教学活动要注重趣味性和多样性,以满足学生的个性化需求,激发他们的学习热情。

4.采用驱动式教学模式

驱动式教学是一种以学生为中心的教学方法。物理学与工程实践跨学科实践学习可以通过提供具有挑战性、启发性、趣味性的学习任务和资源，激发学生自主学习和实践探究的兴趣，通过给予学生足够的自主权，鼓励学生进行研究、设计、制作，通过合作、交流、探究、实践等多种活动，提升学生的自主学习能力和解决问题的能力。

5.注重学习成果物化

跨学科实践学习应注重学习成果物化。可以采用以下方式：一是制作作品或模型，如制作小型风力发电机、制作各种模型、进行工具改进、小发明等；二是进行书面表达，如通过调查走访形成调查报告、通过查阅资料形成文献综述、通过实验探究形成实验论文、通过实践研究形成研究报告等。

6.注意安全

物理学与工程实践跨学科实践学习涉及很多安全风险，如高温、高压、化学试剂等，学习过程中必须注意安全。要充分评估实践的所有环节，包括实践器材、实践场地、实践工具、操作步骤等，避免安全隐患。例如：选择符合安全标准的实践器材，选取无毒、非易燃、非易爆、非腐蚀性的试剂，选择安全设备齐全的实践环境，设计安全的实践操作步骤，严格规范实践操作流程，等等。

三、物理学与社会发展

（一）主题内涵

物理学是现代社会发展的重要推动力。首先，作为重要的基础学科，物理学积累了丰富的理论和实验成果，为现代科技发展提供了可靠的理论和技术支持，小到衣食住行，大到互联网、航空航天、原子能产业等重大科学技术，都来源于物理学的科学实验和理论研究。物理学是社会发展的源动力。

其次，物理学的自然观和价值取向，如科学严谨、锲而不舍、实事求是、质疑批判等，对人类的思维方式和价值观具有重大影响，形成了人类社会发展的共同精神财富。基于此，课程标准设置了物理学与社会发展跨学科实践学习主题。

1. 结合实例，尝试分析能源的开发与利用对社会发展的影响。

能源是现代生活和工业生产的基础，能源的充足供应和高效利用，有利于推动经济的发展。现代生活和各种工业生产都离不开能源的支撑，能源的充足供应和高效利用可以提供更加便捷和舒适的生活，提高人民的生活水平。

能源的开发与利用也会对社会生活产生一系列负面影响，需要对其进行辩证的思考，首先必须实施节能。人类大规模使用的煤炭、石油、天然气等化石能源是古代生物在漫长的历史中形成的，其蕴藏量是有限的。随着经济发展和人口增加，能源需求逐渐增加，减少能源消耗和浪费是实现可持续发展的关键环节之一。除了节能之外，还要实施减排。在能源利用过程中，化石燃料的燃烧产生大量二氧化碳，形成温室效应，造成环境危机，冰川和冻土融化，导致珍稀物种灭绝、生态系统崩溃、自然灾害频发，威胁人类安全和社会发展。为全面深入推进生态文明建设和加快治理环境污染，我国实施了一系列节能减排政策，力争在2030年实现碳达峰，2060年前实现碳中和。

以“能源的开发与利用对社会发展的影响”为主题开展跨学科实践学习，具有重要的现实意义，可以帮助学生从能源的角度去看待社会发展和环境问题，增强环保意识，培养可持续发展观。要完成这一主题的学习，必须引导学生了解社会生活中节能减排的实例，分析能源的开发与利用对社会发展的影响。可以采用阅读文献、实地考察、交流讨论等方式进行学习。可围绕能源的开发与利用展开学习，如能源使用的历史、新能源的应用等，在调查研究的过程中，探索能源的开发与利用对社会发展的积极作用和不利影响，提出改进建议。

2. 结合实例，了解一些新材料的特点及其应用，了解新材料的研发与应用对社会发展的影响。

新材料是相对常规材料而言的，是指以前沿的材料科学理论和先进的制备技术为基础开发出来的具有新特性的材料，如半导体、超导体、纳米材料等。

半导体是一种介于导体和绝缘体之间的材料，在电学方面具有某些特殊性质，广泛应用于晶体管、二极管、集成电路、显示器等领域。根据半导体的电阻率随着温度的变化而变化，可以制作热敏元件。根据半导体的光敏特性，可以制作光敏元件。这些元件广泛应用于传感器中。根据在纯净半导体中适当加入微量杂质，其导电能力会成百万倍地增加，可以制作二极管、三极管等。半导体广泛应用于电视、计算机、手机、家用电器等的晶体管、集成电路、显示器中，是重要的元件材料。除此之外，半导体具有高效率和可控性能，在照明、空调等设备中广泛使用，以实现节能。航空航天、国防科技、交通运输、家用电器、智能家居等领域都离不开半导体。

超导体的超导性是一种特殊的电性质，是指在低温条件下，电阻变为零、导电率变为无限大的现象。在这种状态下，电流可以在超导材料内部自由地流动，而不会受到电阻的影响，这就意味着电能在超导材料中可以无损传输，使得超导材料具有高效率、低能耗等优点。超导体具有零电阻和抗磁性等特殊性质，可应用于很多重要场合。例如：在能源传输领域，由于超导体具有零电阻特性，使其可制作超导变压器。由于没有电热损失，能够以极高的效率将电能传输到用户，达到减少能源损失、提高能源传输效率的目的。在抗磁性应用领域，使用超导体能够产生高强度磁场，能够让列车“悬浮”在轨道上，减少空气阻力，提高运输效率和速度。除此之外，超导体在超导发电机、大型计算机、磁共振成像等领域也有广泛的应用前景。

纳米材料具有特殊的晶体结构，它在三维空间中至少有一维处于纳米尺寸（1~100 nm），或由它们作为基本单元。由于构成粒子的尺寸足够小，纳米材料在声、光、电、磁、热性能方面呈现出新的特性，表现出更高的光、电、磁、热性能。纳米电子器件在医学、航天航空、环境、能源、生物技术等领域都有广泛的应用前景。

新材料的开发和使用可以提高产品性能、满足社会需求、减轻环境负担。以“新材料的特点及其应用”为主题开展跨学科实践学习，让学生通过文献学习、调查研究、科普报告等方式，了解导体、半导体、纳米材料等新材料的特点，并展望这些材料的应用对社会发展的影响，对开阔学生视野、培养学生的创新意识等具有重要的作用。

3. 了解我国科技发展的成就，增强科技强国的责任感和使命感。

新中国成立以来，我国从“一穷二白”到科技强国，各个领域都取得了令人瞩目的成就。在工业方面，我国已初步实现了智能制造的转型，不断推进制造业数字化、网络化和智能化发展，在机器人与自动化制造、智能交通制造、高速铁路建设等方面，形成了一大批具备自主知识产权的高端制造技术和专利，推动了制造业的降本增效，提升了产品的品质。在农业方面，杂交水稻技术、种业创新技术、农业装备智能化等不断发展，促进了农业现代化发展，推动了农村经济的发展和农民收入的提高。在太空探索方面，我国已成功实现载人航天、月球探测、空间站建设、火箭发射、北斗导航等，展现出雄厚的科技实力和国际竞争力，为未来探索深空等提供了有力支持。在海洋研究方面，我国在航空母舰研发、深海科考、海洋资源开发与利用、海洋环境与生态保护等方面取得了一系列重大科技成就，不仅为保护海洋环境和生态、促进海洋经济发展提供了坚实的技术支持，而且在保障国家安全和战略利益方面发挥着重要的作用。

以“我国科技发展成就”为主题开展跨学科实践学习，学生不仅可以深入了解我国的科技发展现状、激发强烈的爱国情怀、树立自立自强的信念、增强探索未知领域的勇气，还会以科学家为榜样，学习他们脚踏实地的实践精神、众志成城的合作精神、勇于创新的实干精神等，激励学生在学习和工作中产生更具创新性的成果。

(二)教学设计说明

开展物理学与社会发展跨学科实践学习,旨在帮助学生更好地理解物理学与社会发展的相互关联,通过实践尝试解决现实生活中的问题。教学设计要注意以下几个方面:

第一,突出跨学科视角。物理学与社会发展跨学科实践学习主题涉及众多领域,教学设计要引导学生将物理学与科技、社会等密切联系,从跨学科的视角来看待问题,深刻领会科技进步对社会发展的作用。

第二,强化实践能力。突出实践能力是物理学与社会发展跨学科实践学习主题设计的重点。要挖掘社会发展中的热点,如能源问题、新材料的应用、我国科技发展的新成就等,然后进行实地调研、信息分析、前景展望等,培养学生动脑思考和动手实践的能力,达到理论与实践相结合。

第三,突显社会责任感。通过物理学与社会发展跨学科实践学习,培养学生的社会责任感,引导学生深入了解社会生活和社会发展现状,明确跨学科实践学习的意义,为社会做出贡献。

第四,培养创新素养。物理学与社会发展跨学科实践学习的着眼点在于培养学生的创新素养。教学设计要突出实践创新,针对具体问题,鼓励学生提出独特见解和多种问题解决方案,培养学生的创新思维、创新精神和创新实践能力。

物理学与社会发展跨学科实践教学设计说明如下:

1.设计学习目标

物理学在现代社会生活中具有不可替代的作用,其理论和实践成果是推动社会进步发展的源动力。开展物理学与社会发展跨学科实践学习,学生的学习目标由物理学的基本理论拓展到物理学对社会发展的作用及意义。具体包括:借助物理学理论了解社会发展的进程,通过调查实践认识科学技术的应用对社会和环境的作用,利用物理学及跨学科原理解决社会生活中的现实问题,体会物理学对社会发展的影响。

2.选择学习内容

物理学与社会发展跨学科实践学习涉及多个领域,根据学生的年龄、认知水平和实践经验等,可以选择如下内容开展学习:①物理学基本原理的应用。引导学生系统学习物理学的基本概念和原理,了解其在社会发展中的具体应用,讨论能源利用对环境的影响,举办能源利用报告会。②实验模拟。通过精心设计实验,再现物理学在社会生活中的应用场景,有助于学生加深对社会发展的思考,深刻领会物理学在社会发展中的重要性。③实景模拟。通过模拟真实场景,制作潜水艇模型,撰写深海开发的小论文。④创新设计。针对社会发展中的热点问题,引导学生进行创新设计,让学生提出新颖、可行的问题解决方案并进行实践验证。⑤培养社会责任感。培养社会责任感是跨学科实践学习重要的学习目标。在学习过程中,让学生认识到科技在社会发展、公共安全、环境保护等方面的作用,培养学生的社会责任感。

3.选择教学方法

选择恰当的教学方法,将物理学知识和社会发展实践有机结合起来,促使学生更深入地理解物理学知识的应用,培养学生解决问题的能力。具体可采用如下教学方法:①问题导向教学法。问题导向教学法是一种以问题为导向的教学方法,教师通过场景设置、案例分析等方式,鼓励学生探究问题,提出创新性的解决方案。②研究式教学法。研究式教学法是通过学生自主阅读、讨论、研究的方式进行学习,提高学生的自主学习能力,激发学生的创新精神,使学生具有独立思考和解决问题的能力。③互动式教学法。互动式教学法注重学生全身心参与,如小组讨论、合作实验、汇报交流等,帮助学生解决现实问题,提高学生的思维能力、团队精神和创新意识。

4.确定评估方式

适切的评估方式是发展学生创新素养的有力工具。物理学与社会发展跨学科实践学习的评估要点是多元的,除了要关注学生物理学基本知识和基本概念的学习情况,还要关注学生跨学科思考问题的能力、合作和沟通的能力、提出创造性方案的能力、研究能力、反思能力等,可采用模拟实验、撰写论文、调查报告等方式,以过程性评价和终结性评价相结合的手段,从多个方面评估学生的创新素养发展水平。

第二节 教学设计原则

教学设计是初中物理跨学科实践教学工作中最重要的环节。优秀的教学设计是教师科学规范地组织实施课堂教学的前提和保障,它将协助教师准确把握教学目标,形成系统、可操作、可评价的教学方案,为提高教学质量打下良好的基础。优秀的教学设计应基于学生的学情,设计与学生身心发展规律和需求相适应的教学流程,激发学生学习的积极性,提高学生的学习效果。优秀的教学设计不仅注重学生基本知识的学习,更关注学生思维品质、实践能力的培养,使学生的知识、技能、情感态度、社会责任感等素养全面发展。优秀的教学设计要求教师全面理解教育教学原理,深刻掌握本学科及跨学科专业理论知识,熟练应用先进的教学策略,有助于教师专业素养和教学水平的持续提升。优秀的教学设计应具有科学的教学理念、创新的教学模式、多样化的教学方法、多维度的评价方式,持续推动教育教学改革和发展。基于以上分析,初中物理跨学科实践学习的教学设计原则如下:

一、育人性原则

立德树人是教育的最高目标,教学设计要围绕这一目标展开,教师不仅要关注学生智能的发展,更要关注学生品德、伦理、社会责任感和创新素养的发展。初中物理跨学科实践学习的教学设计要融合多学科核心素养的培养目标,为学生提供认识世界的多重视角和多种思维方式,使学生全面系统地认识科学本质。要凝聚各学科育人合力,使学生在解决真实问题的学习过程中形成正确的价值观念、必备品格和关键能力,重点培养学生的实践创新素养和社会责任感,指向学生的全面发展。

二、民主性原则

建构主义学习理论强调教师对学生的关爱和尊重，初中物理跨学科实践学习的教学设计要创设充分的民主氛围，保证学习活动顺利开展。应强调学生的主体地位，正视学生的个体差异，尊重学生的个性见解，充分给予学生展示机会，帮助学生扬长避短，不断改进。应突出以学生为中心，以学生的兴趣和需求出发进行教学设计，关注学生的思维习惯和兴趣爱好，重视学生获取知识的过程，重点培养学生的自信心和思想独立性，助力学生成为学习的主角，拥有充分表达思想和自主探究学习的权利。应重视师生互动，提供教师与学生互动交流的机会，教师应充分倾听学生的想法和见解，鼓励学生提问、讨论，师生共同交流、共同成长。应充分考虑每个学生的个体差异，尽量为不同层次的学生设计不同的学习任务和评价方式，鼓励学生自主学习、自我评价、批判性思考。

三、跨学科性原则

初中物理跨学科实践学习的教学设计，应以物理学科的基本概念为中心，以多维度、多视角搭建学习桥梁。一是打破学习内容的局限，将物理知识的学习与日常生活、工程实践、社会发展联系起来，拓宽学生的学习视野，提高学生的学习兴趣，培养学生的探究精神和实践创新能力；二是打破物理学科内部的割裂，对物理学各知识模块的内容进行重构融合，让学生从整体上把握物理学各知识模块的联系和相互作用，形成更加完整的物理学知识框架；三是打破物理学科和其他学科间的学科壁垒，全面融合物理学科与其他学科的知识、思维方式、思想方法、操作技能等，助力学生掌握综合性的学习方法，学会整体全面地分析事物，形成综合学习能力。需要注意的是，以上三个方面不是独立的，跨学科性是初中物理跨学科实践学习教学设计的重要原则。

四、知行合一原则

首先，教学设计要以生活为根基，引导学生将学习视角由课本转移到社会生活中，将生活、生产、科技、自然、社会中的现实问题转变为科学问题，如环境污染、安全用电、节约能源等，指导学生采用感性体验、科学探究、实践创新等学习方式进行探索，在解决问题的过程中提高学生的创新能力和实践本领。同时，教学设计不仅要引导学生积极思考解决问题的方案，还要启发学生关注社会、参与公益，为社会可持续发展献言献策，培养学生的社会责任感。

其次，教学设计要以服务社会为目的，引导学生将学习到的物理知识和跨学科技能应用于解决实际问题，这种学以致用的教学方式注重应用和创新，能够让学生在实践过程中提高创新思维能力和实践能力。

最后，教学设计要突出团队合作，分析、探讨、设计、实操的探索过程可以培养学生良好的团队协作能力以及语言表达能力。同时，教学设计要使学生真切体会到科学技术的发展对社会的重要作用，增强学生的公民意识和社会责任感。

生活是产生知识的源泉，知识又是生活实践的行动指南。初中物理跨学科实践的教学设计应贯彻“从生活走向物理，从物理走向社会”的原则，基于解决生活中的真实问题来开展学习，重视学生的感受和体验，形成“生活—知识—实践”的闭环，让学生在生活中发现问题，在解决问题中学习知识，用知识来指导实践，从而实现学以致用、知行合一。

五、建构性原则

皮亚杰的建构主义学说启发我们，学习者的知识观念并不是靠教师灌输产生的，而是在学习过程中通过对自我经验的建构而形成的，即学习者在认知过程中不断将接收到的外界信息进行同化或顺应处理，建构出新的知识体系，融合到自己原有的知识框架中，并且能够记忆、理解、运用新的信息。概括地说：知识是客体，需要自我建构才能转变为学习者的主体认知，这是一个艰难的过程。建构主义学习观和知识观对初中物理跨学科实践教学设计具有重要的启示。

第一，重视学生的已有经验。学生的已有经验对其后续知识的获取有重大影响，因此，教学设计要做好学生的学情分析，对学生的已有学习基础、心理状态和学习需求进行全面分析，充分考虑学生的差异，正视不足，发现优势，不仅能为下一步的教学提供科学依据，更能为学生匹配适宜的学习主题和学习难度。

第二，贴近学生的生活实际。学生在学习时是通过将新的知识与自己的日常生活经验联系起来从而理解和掌握新知识的。因此，初中物理跨学科实践教学设计要为学生提供真实的生活情境，学习主题可从衣食住行入手，贴近学生的生活实际。同时，要尊重学生的生活经验，通过小组讨论、合作学习等学习方式，多做、多说、多尝试，充分调动学生学习的积极性、主动性以及创新潜能，使学生更好地认同并理解新知识。

第三，搭建学习支架。学生需要参与到知识的产生过程中，才能建构出新的知识体系。学生的自主建构不是凭空产生的，在初中物理跨学科实践教学设计中，教师要发挥指导者、帮助者的作用，帮助学生亲身经历知识的产生和发展过程，鼓励学生利用各种跨学科工具(实验、工具、多媒体等)，通过丰富的、多感知的学习手段进行知识的建构。应充分体现学生的主体地位，引导学生真正参与到设计、制作、展示、评价等各个环节。在真实情境中开展学习有利于增强学生的学习内驱力，应搭建学习支架，解决真实问题，让学习真正发生。

六、开放性原则

初中物理跨学科实践教学设计的开放性表现为学习主题、学习方式、学习场所、评价方式、学习时间等的全方位开放。学习主题的开放性是指主题设计打破了传统学科教学的时空限制，基于物理学与日常生活、物理学与工程实践、物理学与社会发展开发多层次跨学科学习主题；学习方式的开放性是指采用自主学习、合作学习、查阅资料、考查、调研、制作、实验、报告会等多种实践学习方式；学习场所的开放性是指利用家庭、学校、社区和大自然等多种学习场所；评价方式的开放性是指运用过程评价、终结性评价等多元评价方式，呈现作品、报告、论文等开放式的学习成果；学习时间的开放性是指学生完成一个主题学习的时间不再拘泥于课堂45分钟,可以延伸到课下、周末,甚至寒、暑假。

七、整体性原则

创新人格、创新思维、创新实践是学生创新素养的三个维度,三者是互相促进、密不可分的关系,不能割裂开来单独发展。初中物理跨学科实践学习是培育学生创新素养的有效途径,要建立一个全面的创新素养培育体系,整体发展学生的创新素养。首先,要以创新人格为基础,创新人格是创新素养发展的基石。在初中物理跨学科实践学习中,要培育学生积极向上的生活态度、持续探索的求知欲望、勇于创新的精神、坚毅进取的品质等。然后,要以创新思维为保障,创新思维是所有创新活动的核心。在初中物理跨学科实践学习中,要着重培养学生观察事物、提出问题、分析问题的能力,着重从问题意识、科学推理、科学论证、反思能力、质疑创新等方面培养学生的创新思维。最后,要以创新实践为落脚点,创新实践是创新素养的终极目标,也是创新人格和创新思维的显性表达。要引导学生积极投入多样化的创新实践活动中,将创新思维和创新人格转化为具体的实践行动。

第三节 教学实施条件

一、教学课时安排

初中物理跨学科实践是《义务教育课程方案(2022年版)》中新增加的项目,既是重要的学习内容,又是重要的学习方式,按照课程方案和课程标准的要求,各学科需要不低于10%的课时来安排跨学科实践活动。但是,学生学习的总时长是固定的,在每个学科的课时没有增加、教学内容没有改变的情况下,如果每门学科都用10%的课时开展跨学科实践学习,必然增加学生的课业负担。由此,有必要认真审视跨学科实践学习的课时问题。

第一,初中物理跨学科实践学习没有增加额外的学习内容。通过对比

2011年版和2022年版课程标准发现，义务教育物理课程核心概念内容并没有太大调整，整体难度并没有增加，反而降低了部分知识的认知难度。作为课标要求的第五个一级主题，初中物理跨学科实践学习就是将前四个一级主题——物质、运动和相互作用、能量、实验探究的学习内容拓展到日常生活、工程实践和社会发展中，它并不是新增加的课程内容，而是前四个一级主题的全新学习方式和学习途径。

第二，初中物理跨学科实践学习没有减少物理学科的学习时间。首先，跨学科实践是所有学科都需要实施的教学方式，目的就是促进学科融合，培养学生综合全面地分析和解决问题的能力。当物理与生物、化学、地理等学科交叉融合时，其他学科的学习也与物理学科交叉融合，所以并不是物理学科拿出部分时间用于其他学科的学习，而是所有学科都拿出10%的课时进行交叉融合。然后，跨学科实践的本质是全新的教学方式和育人方式，它并没有改变物理学的知识体系，也没有挤占原有物理内容的学习时间，知识还是原来的知识，只是改变了学生探索新知的学习方式，即引领学生走进真实情境，发现实践性学习主题，让学生在完成项目任务、解决真实问题的过程中掌握新知识和新技能。最后，基于初中物理跨学科实践学习的特性，学习活动可以延伸到课下或假期，这并不是增加了学生的学习负担，而是将学习转变为一种全新的方式。基于以上分析，物理教师要在教学中主动发现物理知识与日常生活、工程实践、社会发展的联系，改变教学方式、育人方式、评价方式，从跨学科的视角整体进行教学设计，并将其作为常态化教学，以实现合理的课时安排。

二、教学场地安排

初中物理跨学科实践的最大特点就是跨学科性，这就决定了它要与各学科紧密相关，学生的学习场所将不限于物理实验室，还将走向多学科的功能室及活动场所。除了常规物理课程需要的教室、实验室等场地外，还需要走进各类校内功能室，拓展社区、公园、工厂、科技展览馆等社会场所，最大限度地保证学生深入社会，在真实情境中解决现实问题。在教学实施中，需要根据不同的学科，针对不同的教学目标，采用适合的教学场地，以方便学生的动手实践。同时，教师要根据跨学科实践主题要求进行详细安排和规划，充分利用教学场地，合理安排课程进度，使学生获得深刻的学习体验。

三、教具安排

初中物理跨学科实践需要学生进行真实体验和真正探究，除了需要用到实验室的常规器材外，还必须为学生创造多样化的实验条件。更重要的是，初中物理跨学科实践与日常生活、工程实践和社会发展紧密相关，在学习过程中，要为学生准备充分的实践工具，包括多个学科的实验器材和教具、多个领域的专业工具等，保障学生完成跨学科实践学习。在教学实施中，教师要根据不同的学科跨度和教学目的，合理选配教具，帮助学生顺利建立物理学与其他领域的关联，激发学生的学习兴趣，培育学生的创新素养。

第四节 教学要素

要素是指构成某个事物的基本部分，是事物发生发展不可缺少的必要因素。基于创新素养培育的初中物理跨学科实践学习最基本的教学要素是跨学科实践任务、真实情境、多元化活动、多样化成果，每个要素密切关联，组成完整的教学系统。

一、跨学科实践任务

任务是指为达成某项目标或得到某种结果而需要完成的工作。任务和学习目标直接相关，通过小组讨论、研究调查、方案设计、实验操作、成果汇报等方式完成学习任务，有利于发展学生的团队协作能力、创新能力、实践能力等。完成任务的过程即达成学习目标的过程。在现实生活中，只涉及单一学科知识和技能的任务是不存在的，人为地将其归为单一学科是不科学的，需要从跨学科的视角综合分析问题和完成任务。跨学科实践任务是初中物理跨学科实践学习的核心要素，通过完成跨学科实践任务，学生不仅能学习多学科的知识、技能和方法,还能学会用全面、发展的眼光来看待真实问题,培养综合解决问题的能力,成为具有创新素养的综合型人才。

初中物理跨学科实践任务具有如下特点:

(一)趣味性和挑战性

趣味性和挑战性是学生能否完成跨学科实践任务的关键要素。充满趣味性的学习活动可以提高学生的学习兴趣,产生正向学习情绪,从而调动学生的内在学习动力,乐于主动参与学习,提高学习效率。充满挑战性的学习活动能够激发学生的斗志,提高学生的思维能力、实践能力和解决问题的能力,挖掘学生的学习潜能,使学生产生自我激励,在完成任务的过程中获得成就感和满足感,实现自我价值,获得持之以恒的学习内驱力。

初中物理跨学科实践任务将物理学与人们的日常生活、工程技术应用以及社会发展的热点问题密切联系起来,结合了其他学科、其他领域的知识,既突破了单一学科的知识局限,又让学生开阔了视野,提高了知识的综合运用能力。跨学科实践将传统物理知识的学习转变成研究鲜活的事例和探究真实的问题,具有很强的趣味性和挑战性。

(二)科学性和育人性

科学性和育人性是初中物理跨学科实践任务成功的前提和保障。

初中物理跨学科实践任务的科学性表现在以下几个方面:一是任务的选取要遵照课程标准的要求,与学生的实际生活相关,与学生的兴趣和需求挂钩,并能产生实际应用效果,鼓励学生分析解决实际问题,注重实践操作技能的培养,确保选取的任务科学合理。二是任务的设计要尊重学生学情和认知发展规律,严格贯彻教育原则,合理运用教育科学理论和教学方法,促进学生全面发展。三是任务的实施要确保严谨规范。如果是与实验相关的跨学科学习任务,要做好实验设计、数据采集、数据分析与归纳,进行合理评价,确保实验结果的真实可靠与有效;如果是与调研相关的跨学科学习任务,要确保调研样本合理、调研数据准确、调研分析全面;如果是与问题解决方案相关的跨学科学习任务，要注意运用所学知识科学合理地解释分析日常生活中的问题，并提出合理的改进建议，能运用所学知识论证所提建议的合理性。

初中物理跨学科实践任务的育人性表现在以下几个方面：一是帮助学生树立科学理想。初中物理跨学科实践任务为学生提供了一个探索未知世界的契机，能够培养学生对科学研究的兴趣，通过实践创新、科学探究、工程设计、调查研究等方式，激发学生树立科学理想。二是促进学生创新人格的培育。初中物理跨学科实践任务为学生提供了新颖的学习内容、多样化的学习方式，极大地激发了学生的创新意识和学习积极性，促进了学生创新人格的培育。三是促进学生创新思维的发展。初中物理跨学科实践任务启发学生寻求新的科学思维模式、寻找创新解决方案、设计制作新产品，促进了学生模型建构、科学推理、科学论证、质疑创新等创新思维能力的发展。四是促进学生创新实践能力的提高。初中物理跨学科实践任务强调理论与实践相结合，鼓励学生学以致用，如制作模型、开展实验、发布调查报告、撰写科技论文等，有利于培养学生的创新实践能力，使学生熟练掌握科学技能。五是培养学生的社会责任感。初中物理跨学科实践任务引导学生亲近自然、走进生活、崇尚科学、勇于创新。学生通过亲历实践过程，体会科技与社会生活、人类发展的关联，有利于培养学生的社会责任感。

（三）可行性和实用性

可行性和实用性是决定初中物理跨学科实践任务能否完成的重要因素。

初中物理跨学科实践任务涉及多个学科、多个领域，对方案的可行性进行评估具有重要的意义。首先，在课程设计和教学过程中，需要对学生的学情做出全面综合的研判，对教学内容的难度系数做出科学的分析评估，在此基础上，选取符合学生最近发展区、匹配学生能力水平的学习任务。其次，需要综合考虑学校的实验室、微机室、阅览室等硬件设施，以及本地区拥有的少年宫、科技馆、图书馆等公共学习资源。只有选择基于学生学情、基于教学资源的跨学科实践任务，才能保证教学的顺利实施。

初中物理跨学科实践任务的实用性体现在以下几个方面：一是解决生活中的现实问题。应结合实际应用情境，设计合理、实用的实践任务，这样不仅能使学生在解决问题的过程中学习新的知识和技能，更能助力学生将所学的理论知识应用到实际生活中去。例如，在拟定《个人低碳生活指南》的跨学科实践学习中，学生综合运用物理、生物、地理等学科知识和学科方法，分析与人类命运息息相关的环境污染问题，并对个人节能环保行为提出了具体要求，具有重要的实用价值。二是提升学生的实践能力。学生在完成任务的过程中提升了多项实践技能，如信息收集、方案设计、实验探索、动手制作、数据处理、实验结果分析等。三是有助于学生的自我职业规划。初中物理跨学科实践任务注重跨界融合和应用创新，能让学生走出校园，开拓视野，接触并了解到多个行业领域，发现自己的特长和兴趣爱好，扩大职业选择范围，有助于学生的自我职业规划。例如，以“通信技术的进步对社会发展的影响”为主题开展物理学与社会发展跨学科实践学习时，学生了解了手机的发展历程，激发了探索芯片技术的好奇心和求知欲，为日后的职业发展埋下了种子。

（四）实践性和探究性

初中物理跨学科实践任务具有突出的实践性和探究性。实践性和探究性相互依存、互相促进。探究需要以实践为基础，实践需要探究指明方向。实践的结果可以促进探究不断加深对问题的认识，探究的成果又可以指导实践不断完善和创新。

实践性贯穿于初中物理跨学科实践任务的始终。第一，初中物理跨学科实践任务以解决实际问题为核心，通过学科整合，破解实际难题。第二，初中物理跨学科实践任务要求学生将专业知识和专业技能转化为实际应用，通过调研分析、实验制作、数据采集、统计分析等实践操作完成任务。第三，面对初中物理跨学科实践任务，学生需要使用跨学科的知识和方法独立思考，提出新思路和新方案，从而创造性地解决问题。第四，初中物理跨学科实践任务需要团队成员合理分工、高效协作、互享知识和经验。

初中物理跨学科实践任务的探究性体现在融合多学科、扩展学习视野、解决实际问题、动手实践操作等多个方面。一是跨学科实践任务涉及多个学科,学生的学习过程就是探索学科交叉融合的过程。二是跨学科实践任务涉及日常生活、工程实践、社会发展等现实情境,面对全新的学习视野,学生的学习过程就是探寻未知领域的过程。三是跨学科实践任务以解决实际问题为目标,需要经历问题、证据、解释、交流的研究过程。四是跨学科实践任务突出学以致用,学生需要通过动手实践,不断开拓新思路、新方法来达成任务目标。

(五)创新性和创造性

创新和创造是截然不同的两个概念。创新的"新"是相对于"旧"而言,是指为了突破既有的局限性,在原有的基础上进行改进和优化。创造的"造"是相对于"无"而言,是针对原先的空白,从零开始制作或发明全新事物。

初中物理跨学科实践任务的创新性体现在教学内容创新、教学手段创新和育人模式创新等方面。具体表现在:学习范畴扩展到生产生活、社会发展和科技进步等多元领域,教学内容更是突破了单一物理学科的限制,和其他学科交叉相融,引导学生以多学科、多领域的视角,全面、综合地分析和解决问题,体现了初中物理跨学科实践的社会价值。教学手段由单调变为多样,突显实践操作,指导学生做中学、用中学、创中学。强化信息化教学手段的应用,如数字化实验、在线交互平台等。育人模式由"知识传授型"转向"素养培育型",初中物理跨学科实践任务旨在发展学生多元化的能力,如思维能力、创新能力、实操能力、协作能力等,不仅关注学生知识技能水平的提升,更注重培养学生的核心素养。

初中物理跨学科实践任务的创造性主要体现在跨学科思维上。初中物理跨学科实践任务鼓励学生跨越物理学科的边界,通过融合不同学科的知识和技能来解决现实问题。这就要求学生具备跨学科思维能力,以创造出新的理念、新的方案、新的方法,从而更好地解决现实问题。

二、真实情境

情境指在开展某项活动时所处的环境。情境包含两层含义:一是“情”,是指人的情绪、情感、意志、态度等主观性表现;二是“境”,是指特定的环境和场景等客观性因素。由此可见,情境受主观因素和客观因素共同作用,是特定背景下个体的体验、感受或经历。杜威最早将情境应用到教育学领域。他认为,人的思维和行为都受到情境因素的影响,不同的情境因素可以对人们的学习产生不同的影响。因此,在教育教学中,创造良好的教学情境至关重要。

对跨学科实践学习而言,真实情境可以理解为符合初中学生认知规律和学情的,与日常生活、工程实践、社会发展密切相关的,能反映科学本质的真实事物、现象或过程。

(一)真实情境的特点

1. 多样性

真实情境下的初中物理跨学科实践学习,将学生置于生活中真实的场景和环境中,注重真实性和实践性,从而使学习过程呈现出多种样态。学习目标的多样性体现为学生通过解决真实问题学习新知,在分析解决生活、社会、环保等问题的过程中,达成不同层面和维度的学习目标。学习内容的多样性体现为学习内容复杂而多元,涵盖多个学科知识,涉及多个领域。学习形式的多样性体现为打破单一的课堂教学,学生可以通过实地勘察、文献查阅、观察调研、实验模拟、模型制作等多种形式进行学习。学习策略的多样性体现为通过教师引导学习、个人自主学习、团队协助合作等策略开展学习,有助于提高学生的实践水平和综合能力。

2. 问题性

真实情境下的初中物理跨学科实践学习引导学生深入社会生活,在真切的感受中发现问题、提出问题,并将实际问题转化为学习目标和课程内容,围绕解决问题开展学习活动,通过多种方式探究问题的本质与规律,培养学生的实践能力与解决问题的能力,学以致用,提高学习的效果。

3.交互性

真实情境下的初中物理跨学科实践学习的交互性体现为人与环境、人与人之间的相互影响和相互作用。首先是人与环境之间的交互。不同的环境呈现出不同的特征,对人的思维和学习产生不同的影响,应选择适配的环境进行学习。安全、稳定、舒适、开放的情境氛围可以激发学生的学习兴趣和学习积极性,使学生获得良好的学习体验。其次是人与人之间的交互。良好的社交环境和学习氛围可以促进学生的交流和合作,形成良好的人际关系,帮助学生形成积极的心理状态,取长补短,共同完成任务。

4.跨学科性

真实情境下的初中物理跨学科实践学习,学生需要对复杂、真实的问题进行分析和判断,并找到解决方案,这绝不是依靠单一学科就可以完成的,必须综合运用各学科的知识和技能。例如,在设计和制作节能小屋的教学情境中,需要应用物理、美术、地理、建筑、环境等多个学科的知识。真实情境下的跨学科实践学习能够让学生更加深入地理解学科间的关系,拓宽视野,提高综合分析和解决问题的能力。

(二)真实情境创设原则

1.激发主动性原则

创设真实情境要以学生为中心,根据学生的年龄、认知水平和兴趣爱好等因素,设置适合学生学情的、学生感兴趣的真实场景和学习任务,让学生乐于学习、主动探究。创设真实情境要为学生提供必要的信息,并在课前做好准备,让学生了解情境、角色和需要完成的任务等,这样有利于学生自发主动地找到适合自己的学习任务,顺利进入到真实情境之中。在提供信息的同时,也可以让学生自己搜索信息,这样不仅可以提高学生学习的主动性,还可以培养学生搜集信息的能力。创设真实情境要设置具有挑战性的学习任务,这样可以调动学生的学习兴趣,提高学生学习的动力,使学生能够积极主动地投入学习。任务的设置要符合学生的最近发展区,这样可以让学生更好地理解和应用所学知识。创设真实情境要为学生提供及时的反馈，让学生及时了解自己在学习中的优势与不足，增强自信，促进他们在学习中更加主动积极。

2. 强化感受性原则

创设真实情境要重视学生的身心体验，通过创造真实的场景，使学生的感官产生强烈的刺激和共鸣，达到最佳的学习效果。例如，以“家庭安全用电”为主题进行跨学科实践学习时，可以通过实验模拟家庭电路出现故障时的情景，让学生身临其境地感受到安全用电的重要性，从而产生学习的动力。创设真实情境要利用多种教学手段，如利用视频、音频、图片等，让学生在视觉、听觉上与场景产生互动，强化感受性。可以运用数字化实验、模拟实验等对不易观察的现象、微观形态或实验过程进行情景再现，帮助学生学习。创设真实情境还要给予学生情感关怀，教师要将关爱、鼓励、赞赏等情感元素融入真实情境中，让学生真切感受到教师提供的情绪价值。

3. 突出创造性原则

创设真实情境要改变单一的教学环境，创设多样化的情境，以吸引学生的注意力、激发学生的好奇心、提高学生的创造力，可以将学习场地由教室扩展到家庭、工厂、农村、科技馆、社区等，引导学生将所学知识应用到实际中，以激发学生的创新灵感。创设真实情境要鼓励学生独立思考，大胆提出自己的创意和见解。例如，以“密度计的设计与制作”为主题进行跨学科实践学习时，可以让学生提出待测量的液体种类、密度计的外观材质等，从而增强学生学习的主动性和创造性。创新真实情境要重视团队合作交流，设置适合学生共同思考和解决的情境问题，为学生创造激发创意和想法的条件。例如，在情境学习中，可以建立学习活动小组，细化角色分工，提供创意工具和资源，鼓励探索、允许试错，帮助学生发挥想象力和创造力。

4. 渗透德育性原则

创设真实情境要挖掘学科的德育素材，不仅要让学生掌握专业知识和技能，还要培养学生的科学观、科学态度和社会责任。教师要将德育素材融入教学活动的设计与实施的情境中，让学生感受到公民应该承担的社会责任，培养学生奉献和服务他人的意识，通过对学生的启示和引导，帮助学生形成正确的世界观、人生观和价值观。

5.贯穿实践性原则

创设真实情境要坚持“做中学”，转变传统的“教师讲授+习题练习”的教学方式，引导学生通过实验、实操、实践等方式学习新知、掌握技能、强化理解。创设真实情境要重视“用中学”，注重学习成果在社会生活中的应用，这样不仅能加深对跨学科知识和技能的理解，解决实际问题，还可以利用实践促进学习，使学生在实践中不断建构自身的知识体系。创设真实情境要突出“创中学”，要提供生动活泼的学习素材，采用调研、探究、制作、汇报等多种学习方式，鼓励学生创新，培育学生的创新人格，发展学生的创新思维，提升学生的创新实践能力。

（三）真实情境对初中物理跨学科实践学习的意义

1.激发学生的学习兴趣

与学生平时接触到的抽象理论知识不同，真实情境基于学生的最近发展区，充分考虑学生的兴趣和学情，为学生提供真实、具体的学习场景，如自然现象、生活实例、科技前沿等，使学习更具吸引力，学习的过程就是解决真实问题的过程。这种富有挑战性和趣味性的学习场景能够增强深度体验，激发学生的学习兴趣与研究动力，激发学生学习的自信心和主动性。

2.促进跨学科融合

真实情境下的学习主题往往是多学科、多领域复杂问题的综合体现，难以用单一学科知识来解决。在真实情境中，学生经历解决问题的全过程，从中探索不同学科的交叉点和相互联系，深入了解不同学科的特点和优势，掌握跨学科解决问题的技能，从而实现不同学科之间的融合，为学生提供更好的学习体验。

3.培养学生的合作意识

真实情境下的初中物理跨学科实践学习任务复杂、目标多元，非一人之力可以达成。真实情境下的初中物理跨学科实践学习有助于培养学生的多项技能，如沟通技巧、合作解决问题的能力等。团队成员通过沟通协作达成学习目标，有利于培养学生的合作意识和团队精神。

4.提升学生的创新素养

真实情境下的初中物理跨学科实践学习可以提供不同的实践场景，为不同层次、不同特点的学生提供施展才能的机会，激发学生的创新人格，发展学生的创新思维，鼓励学生自主探究和解决问题，提高学生的实践应用能力，从而促进学生创新素养的提升。

三、多元化活动

初中物理跨学科实践学习是一种学生合作互助的学习方式，其学习活动具有多元化的特征。

(一)活动的基本特征

1.趣味性

初中物理跨学科实践学习的活动主题与现实问题紧密联系，涉及多个学科，关注多个领域，通过游戏化、项目化、课题化的趣味性活动形式，如竞赛、演讲、模型制作等，让学生在实践中学习，将抽象的理论知识转化为实际应用，使学生获得学习的快乐和认同感。

2.挑战性

初中物理跨学科实践学习融合多个学科领域的知识，需要跨越不同学科间的专业壁垒，综合运用不同学科范畴的知识技能和方法，理解相关技术、工具、材料、装置等，富有挑战性的活动能够激发学生的探索欲望，让学生感受到兴奋和好奇，使学生愿意投身到解决实际问题的学习过程中。学生完成具有挑战性的学习活动需要付出诸多努力，当顺利完成活动后，学生将会得到满足，积累成功的经验，提升学习的信心，期待下次学习活动的全新挑战。

3.场景性

初中物理跨学科实践学习都是在特定的场景中完成的。在实验场景中，学生开展科学探究，进行操作、测量、实验及数据分析。在生活场景中，学生深入了解生活中的物理现象及实际问题，分析问题并形成解决方案。在数字化模拟场景中，可实现真实场景的数学建模和计算机仿真。对于存在安全隐患的实验、不易操作的实验、微观实验等，可以通过仿真再现，形象直观，有利于学生理解和掌握。学生还可以利用计算机辅助分析实验数据，实现实验过程和数据处理的可视化，这对提高实验精度发挥了重要作用。在实操场景中，学生将物理知识与工程技术相融合，实现学习致用。

4.建构性

建构主义学习理论启发我们，学习不是简单的信息传递，而是学生根据自我经验来主动建构自己对事物的认知与理解。初中物理跨学科实践学习基于学生学情，引导学生通过观察、分析、思考、讨论、实验、制作等学习活动，与同伴进行合作，在实际操作和思考中积累学习经验，找到问题的解决方案，有利于学生建构新的知识体系。

5.开放性

开放性是初中物理跨学科实践学习的突出特征，表现在以下几个方面：学习活动内容开放，学习活动内容由教科书拓展到日常生活、工程实践和社会发展等领域；学习活动空间开放，学生的学习活动空间由教室走向操场、实验室、家庭、工厂、社区等；学习活动时间开放，学生的学习活动时间不再是课堂的45分钟，学习活动可持续到课下、周末，甚至假期；学习活动方式开放，与传统教学不同，初中物理跨学科实践学习的方式可以是探究实验、模型制作、撰写论文、设计方案、撰写调查报告、实地考察等；评价方式开放，初中物理跨学科实践学习不仅关注学生掌握知识的结果，更关注学生生成知识的过程，可采用师评、生评、自评、过程性评价、终结性评价等多种评价方式。

（二）活动的基本类型

1.知识整合型

知识整合型学习活动是指根据学习主题，把不同领域、不同学科的知识有机地整合起来，找到它们相互之间的联系，发挥学科合力，让学生更好地理解和掌握物理知识，更全面地认识客观事物。知识整合型学习活动主要体现在教学内容的整合和教学手段发整合上。例如,以“乐音的特性”为主题开展跨学科实践学习时,将物理课中的音调、响度、音色与音乐课相结合,研究吉他、古筝、二胡等乐器的发声,将制作乐器、演奏乐器与物理学习巧妙结合。又如,在学习摩擦力的知识点时,将体育课的引体向上、拔河、冰壶等项目引入物理课堂,学生在体育活动中学习摩擦力的概念、方向及应用。通过整合物理学与其他学科的知识,帮助学生更深入地了解学科间的联系,构建综合的知识体系,达到良好的学习效果。

2.问题解决型

问题解决型学习活动是指以某个或多个问题为指引,引导学生学习跨学科知识,培养学生解决问题的能力。问题解决型学习活动改变了传统课堂知识点的简单传递,强调学生对问题的探索、发现及解决过程。在问题解决型学习活动中,学生采用合作学习的方式,通过小组讨论、设计方案、实验探究、测试假设等步骤,运用多学科知识和技能综合解决问题。问题解决型学习活动不仅可以帮助学生进行有效的沟通、交流、合作,还可以激发学生的好奇心,增强学生的自信心,使学生更加积极主动地参与到学习活动中,在解决问题的过程中全面、深刻地理解和运用跨学科知识、培育创新素养。例如,针对各种厨房用品使用不当引起的安全隐患,指导学生开展跨学科实践学习活动,采用“调查厨房用品安全隐患—分析安全隐患出现的原因—利用跨学科知识提出解决安全隐患的方案—检验安全隐患问题的解决效果”的学习活动流程,提出问题解决方案,运用所学知识论证所提方案的合理性。

3.设计制作型

设计制作型学习活动是指围绕学习主题,通过设计、制作、操作等完成理论和技能学习的活动。学生在教师的指导下制作某个实物或模型,通过设计和制作,加深对知识的理解和应用。设计制作型学习活动形式多样,可以是科技制作、拼装模型、机械加工等,其关注的是实践过程中学生所获得的经验和能力,而非成品本身。设计制作型学习活动可以帮助学生将知识与实践结合起来,从而更容易激发学生的学习兴趣。设计制作型学习活动可以让学生利用自己的创意来设计和构建产品,能够培养学生的创造性思维和实操能力。设计制作型学习活动通常需要团队共同完成,需要团队成员进行交流和协调,因此可以提高学生的团队协作能力。通过参与设计制作型学习活动,学生可以获得多种实践技能,如机械加工、手工制作、基本实验操作等,并能够将所学的知识应用到实践中。例如,以“制作小型风力发电机”为主题开展初中物理跨学科实践学习,学生需要综合应用物理、数学、地理等多学科知识与技能,有利于提高学生综合运用知识的能力,培养学生的创新思维和创造能力,实现创新成果转化。

4.调查研究型

调查研究型学习活动是指通过对问题、事件、现象等进行系统性的信息收集整理,利用科学方法获取有用信息的学习过程。调查研究型学习活动的范畴包括社会、经济、教育、科学、文化等多个领域,能够实现自然科学、社会科学、人文科学的跨界整合,突显了跨学科实践学习的应用性特征。在调查研究型学习活动中,学生需要通过采访、实地调查、文献阅读等方式来收集和整理相关材料,运用统计方法分析数据,得到结论,以找到解决问题的办法。调查研究型学习活动是一种动手、动脑、动口的全新学习方式,可以充分挖掘学生的潜力,在学习过程中培养独立思考和解决问题的能力。例如,以“环境污染治理”为主题开展初中物理跨学科实践学习。首先,学生要对环境污染进行充分的背景资料收集和文献研究。然后,制定调查方案,对本地环境污染情况进行实地考察、访谈采访、数据分析等。接着,根据制定的方案展开调查研究,对搜集到的数据、信息进行整合,以物理学、环境科学、生物学、社会学等跨学科视角,对环境污染的问题、原因、影响、改进策略等进行深入探究,形成详细的报告材料。最后,根据调查结果,提出针对性的改进建议,以便为环境保护提供有价值的参考建议和行动指导。

5.撰写论文型

撰写论文型学习活动是指针对特定的研究主题,通过查阅资料、分析论证、开展研究等方式,了解其发展现状、未来趋势以及对人类社会发展的意义等，撰写综述型论文。撰写论文型学习活动要在整合物理学科和其他学科知识的基础上，选择符合学生年龄和认知水平的主题，包括物理学家传记、相关科技的发展历史及应用前景、物理现象的分析探究等。教师要为学生提供丰富的学习活动资源，包括书籍、文献、网络资源等，为学生提供撰写论文的指导意见，指导学生进行文献阅读、论文撰写、论文修订、口头报告等。撰写论文型学习活动可以开阔学生的视野，激发学生的思维，巩固课堂所学知识，促进跨学科知识的学习和应用，提高创新素养。例如，可以通过查阅资料，了解深海、太空等的开发与利用对人类社会发展的意义，撰写一篇论文。

四、多样化成果

初中物理跨学科实践学习有明确的活动主题，可产生多样化的学习成果。学习成果常以物化形式呈现，既能体现学生的学习效果，又能激发学生的学习兴趣与动力。

（一）实验报告

实验报告指学生将科学探究的完整环节以实验报告的形式呈现，包括标题、实验原理、实验步骤、数据处理、分析讨论、实验结论等部分，翔实、严谨、客观地记录实验的全部过程。

实验报告要求学生翔实记录实验步骤和数据，需要学生具备一定的实践操作技能。教师应帮助学生掌握基本的实验操作方法，培养学生的实践能力。学生通过撰写实验报告，可以更深入地理解实验原理，通过实际操作巩固所学的知识，提高学习效果。撰写实验报告，不仅要求学生掌握物理的理论知识和实验技能，还要结合其他学科知识进行数据处理和分析，能够提高学生跨学科综合学习的能力。撰写实验报告，要求学生对实验过程和数据分析结果进行文字表述和图表展示，能够提升学生的语言表达和写作能力。实验报告是初中物理跨学科实践学习一种重要的成果形式，同时也是评估学生实践操作能力和跨学科学习能力的重要手段。

(二)模型制作

模型制作是指借助物理学科知识和其他学科知识来制作物理模型或实物模型,具有综合性和实践性的特征。具体来说,初中物理跨学科实践学习中的模型制作可按如下步骤进行:选题和准备、规划和设计、实验和制作、展示和优化、评价和改进等。

模型制作能够增强学习过程的愉悦感,激发学生的学习兴趣和探究欲望,将学习新知融入动手操作中,能够加深对知识的理解,提高学习效果。模型制作需要综合运用多学科领域的知识,学生在模型制作过程中不能局限于单一学科,而是要将不同学科领域的知识有机地结合起来,达到跨学科学习效果。在模型制作过程中,学生需要进行规划设计和实践操作,如画图纸、选材料、测量、切割、拼装、调试等,有利于培养学生的创新思维和实践操作能力,增强学生对理论知识的理解和应用。模型制作需要学生具备创新意识和团队合作精神,团队成员各自发挥长处,相互协调,共同完成任务,有利于培养学生的合作意识和创造性思维,促进创新素养的提升。

(三)论文展示

论文展示是指学生在进行跨学科实践学习后,对研究主题的背景、现状、发展趋势及其对人类社会的贡献进行深入分析,以论文的形式,详细描述学习活动中的经验、心得,以及新思路、新观点。论文的内容一般包括如下方面:选题背景、研究现状、数据分析与收集、理论分析、创新思考、总结与展望等。

在初中物理跨学科实践学习中,论文是一种重要的学习成果。撰写论文对培育学生的创新素养起到了重要的作用。撰写论文需要学生对实践活动进行深入的思考和总结,有助于开拓学生的思维,深化对跨学科实践学习主题的理解和思考。撰写论文需要学生具备较高的分析和表达能力,能在论文中准确、清晰地展示其对学习主题的认识,有助于提高学生的写作水平和表达能力。撰写论文需要学生遵循科学方法、运用逻辑思维,以实践活动为支撑，基于实验数据进行假说验证，有助于培养学生的科研精神和科学思维。

（四）技能展示

技能展示是指学生通过选取特定场景，展示自己通过跨学科实践学习获得的实操技能或解决问题的能力。

例如，以“安全使用家用电器”为主题开展跨学科实践学习，学生可以将实操技能作为学习成果展示。

（1）识别电子器材和安全标志。学生能够识别家庭电路中各种电子设备、电源插头和安全标志，并说出这些设备和标志的作用，避免使用不适当或不安全的设备。

（2）安全使用电源开关。学生能够正确地使用电源开关，安全地对电源开关和插座进行清洁。

（3）安全使用插头和插座。学生能够正确使用插头和插座，尤其是三孔插座和三脚插头，并能说出安全使用插头插座的注意事项等。

（4）识别家用电器的功率并安全使用。学生能够识别家用电器的功率，并能正确使用家用电器，有避免因过度负荷造成安全风险的意识。

（5）应对突发情况。能够正确分析空气开关跳闸、用电器不工作等意外情况的原因，并能进行针对性的处理，能进行简单电路问题的维修。

通过跨学科实践学习，可以帮助学生掌握正确、安全地使用电器的技能，培养学生预防风险的意识和应变能力。

（五）创意设计

创意设计是指学生在跨学科实践学习中，把对学习主题的研究、认识和理解以艺术作品的形式展现出来，如绘制图画、制作海报、发布视频、拟定生活指南、撰写合理化建议书等。创意设计需要融合物理知识与其他学科知识，具有趣味性、挑战性。创意设计不仅需要展示美观的作品，还要清晰地表达创意思路。学生可以通过多种方式进行创意设计的展示。

(六)调查报告

调查报告是展示初中物理跨学科实践学习成果的有效方式,它是通过对研究主题进行实地调查和收集信息,以满足特定需求、提供决策支持的一种专业性书面报告。调查报告需严谨、可信。"调查"是指围绕学习主题对相关信息和数据进行翔实的调查和记录。"报告"是以数据和事实为依据,经过综合分析和判断,得出正确结论或合理化建议。通常,调查报告是以可验证和可信服的数据为基础编制的,对调查的设计、实施与成果进行详细阐述,以便读者更好地了解调查的目的、方法、结果和结论等。调查报告的内容涉及社会、经济、技术等领域,是初中物理跨学科实践学习的重要物化成果之一。

调查报告应包括以下几个方面:

(1)题目。明确指出研究的问题。

(2)摘要。简要介绍研究的目的、方法和结论,概括要点,帮助读者更好地了解研究主题。

(3)引言。介绍调查的背景、目的和意义,让读者更好地理解调查的必要性和重要性。

(4)研究方法。介绍调查的实施过程,包括调查工具、样本数量、调查的方法、数据处理方式等。

(5)调查结果。包括数据分析和图表展示等,将调查结果可视化呈现,让读者了解研究的实际情况。

(6)结论与建议。在调查结果的基础上,提出结论和建议,为决策者提供实用的参考依据。

调查报告是集体智慧的结晶,团队成员共同开展调研,合理进行分工,协作解决问题,有利于培养学生与他人合作的能力。在撰写调查报告的过程中,学生需要从多个渠道收集信息,有利于提高学生信息收集和处理的能力。撰写调查报告需要具备较强的分析和解决问题能力,能够从数据中找出趋势、规律和问题,进而提出合理的结论或建议,有利于培养学生将理论知识转化为实践应用的能力。撰写调查报告需要具备较高的写作能力，有利于提高学生的逻辑思维能力和语言表达能力。撰写调查报告有利于提高学生对某一领域相关问题和典型案例的认识，帮助学生更好地适应未来学习和工作。

第五节 教学路径

按照初中物理跨学科实践学习的教学要素，初中物理跨学科实践学习可以遵循“主题—目标—准备—实践—评估”的教学路径，如图4.6所示。

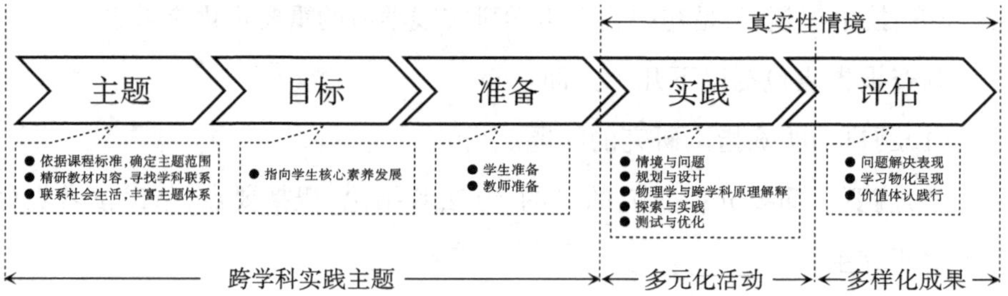

图4.6 初中物理跨学科实践学习的教学路径

一、主题

初中物理跨学科实践学习的主题应遵从以下原则：

（一）忠于课程标准

依据课程标准，确定主题范围。课程标准是对育人目标、课程内容、课程结构、学习方式、评价方式进行规范阐述的指导性文件，是教、学、测、评的依据。课程标准在跨学科实践学习主题的确立中发挥重要的职能。“内容要求”部分明确提出了跨学科学习的内容范畴，细化了二级主题，即物理学与日常生活、物理学与工程实践、物理学与社会发展，其中包含大量的示例和活动建议，避免跨学科学习主题脱离课程标准的范围。“学业要求”部分从核心素养的四个维度提出跨学科学习需要达到的学业要求，不仅为跨学科学习提供了学业评价标准,更为确定跨学科学习的学习目标提供了依据。“教学提示”部分,展示了众多与跨学科学习相关的教学策略和情境素材,启发教师合理选择、设计跨学科主题。例如:根据课程标准中提出的与日常生活相关的素材,可以设计“利用人体杠杆来劳动”的跨学科学习主题;根据课程标准中提出的与工程实践相关的素材,可以设计“水火箭比赛”的跨学科学习主题;根据课程标准中提出的与社会发展有关的素材,可以设计“纳米材料的研发与应用”的跨学科学习主题。

(二)精研教材

精研教材内容,寻找学科联系。物理教材遵循物理学科的逻辑体系,凸显物理学科的育人价值,是培养学生物理观念、科学思维、科学探究能力及科学态度与责任的主要学习载体,更是培育学生创新素养的主要阵地。物理教材中蕴含大量的实验素材和STS(科学、技术、社会)内容,这些都是跨学科实践学习的主题来源。教师要对物理教材中的素材进行深入研究,发现物理学与其他学科的融合点,建立物理学与其他学科的联系,寻找适合的综合性问题,合理规划跨学科实践学习。例如:机械运动部分可以与体育、数学等跨学科整合;物态变化部分可以与化学、地理等跨学科整合;透镜及其应用部分可以与生物、历史等跨学科整合;等等。同时,并不是所有的教材内容都适合跨学科学习,要避免“为了跨而跨”的多学科内容的机械叠加。跨学科实践学习主题一定要基于物理学科,并与其他学科具有较强的关联,保证跨学科实践学习的效果优于单独的物理学科学习。

(三)联系社会生活

联系社会生活,丰富主题体系。物理是人类对自然界中存在的物质的基本结构、相互作用和运动规律的认识,它是人们认识世界的基础,与生活、自然、社会发展密切相关,人们的衣食住行都离不开物理。教师要练就一双慧眼,关注社会生活,在真实的生活情境中筛选学生可以研究的内容,丰富跨学科主题素材,指导学生在实践中学习新知识和新技能,从而产生创新性的学习成果。例如,可以研究日常生活中的安全用电、汽车尾气问题,工程实践中的桥梁建筑技术、计算机技术等,社会发展中的中国航天技术、深海潜艇技术等。

(四)基于学生学情

基于学生学情,是指主题要适合学生的身心发展水平。初中物理跨学科实践学习是一种跨越多领域、融合多学科的综合性学习活动,学习内容和学习方式对学生而言都是一种全新的尝试。初中物理跨学科实践学习主题必须以学生现有的认知水平为基础,尊重学生的身心发展规律,确定学生的最近发展区。如果主题的难度超过学生的实际能力,学生就不可能完成任务,会加重学生的学习负担,同时对学生的心理、情绪产生负面影响。如果主题的难度低于学生的实际水平,学生会因为学习活动缺乏挑战性而消极倦怠,降低学生的学习兴趣和学习动力,从而降低学习效果。基于学生学情设定学习主题的基本要求如下:

1.重视学生的年龄特征

教师要从心理学和教育学理论出发,根据初中学生的身心发展特征选择初中物理跨学科实践学习主题。初中学生的兴趣爱好具有多样性和变动性,跨学科实践学习的主题设定应考虑学生的兴趣和实际需求,以激发学生的学习兴趣和好奇心。初中学生的逻辑思维能力较弱,对物理概念的理解存在困难,跨学科实践学习主题要针对学生的理解特点,选择通俗易懂的主题内容,使学生易于理解和接受。初中学生的实践经验少、实验能力欠缺,跨学科实践学习的主题设定要贴近学生生活,选用浅显易懂的主题内容,这样有利于学生开展学习。初中学生的性格、学习方式、学习方法存在差异性,有的学生擅长逻辑思维,有的学生擅长动手操作,跨学科实践学习的主题设定要满足学生多元化的学习需求,让具有不同个性和潜质的学生都能发挥各自的特长,让每个学生都能获得成长。

2.基于学生已有的知识储备

新的学习是建立在已有认知的基础之上的,必须基于学生已有的知识储备确立初中物理跨学科实践学习主题。初中物理跨学科实践和单一学科学习不同,教师不仅要了解学生在物理学习中已掌握的物理概念、实验技能和实践经验,还要深入了解学生其他相关学科和领域的知识、技能、方法的掌握情况。例如,是否具备数学基础?是否具备生物实验技能?信息技术水平是否匹配?等等。教师要认真考虑学生以现有的思维水平、知识基础是否能完成这一学习主题,可能会出现什么学习障碍,能够达到怎样的学习效果,然后设计适合的学习主题。

3. 匹配适当的主题难度

学习主题的难易程度是影响学习效果的关键要素。维果斯基的最近发展区理论启示我们,要重视学生现有水平和可能发展水平之间的差距,即最近发展区。如果主题难度过低,停留在学生现有水平,则学生会产生厌烦情绪,阻碍学生的发展;如果主题难度过高,超过了学生的可能发展水平,学生怎么努力也够不到,则学生会产生畏难情绪,无异于拔苗助长,无法达到预期目标。因此,要准确判断学生当前的发展状况,基于学生最近发展区设置主题难度。不同学段、不同年龄的学生,其认知水平和心理素质都有所不同,教师在设计主题时要考虑学生的年龄特点、心理发展阶段、认知能力和自主学习能力等,选取难度合适的主题。教师还要考虑学生的基础知识水平,如果学生的基础知识薄弱,那么难度就需要适当降低。教师可以从简单到复杂,从易到难,以循序渐进的方式设计主题。如果学生的基础知识丰厚,那么难度就需要适当提高,设计富有挑战性的主题,以提高学生的学习兴趣和学习动力。同时,教师在确定主题难度时要考虑到教学目标和任务的实现需要哪些知识和技能的支持,以及哪种主题难度可以最好地实现教学目标和任务。

综上,基于忠于课程标准、精研教材、联系社会生活、基于学生学情的原则,兼顾趣味性和挑战性、科学性和育人性、可行性和实用性、实践性和探究性、创新性和创造性,即可设计出适合的初中物理跨学科实践学习主题,举例如表4.1所示。

表4.1 初中物理跨学科实践学习主题举例

序号	知识点	物理核心概念	跨学科主题	主题确定
1	压强	流体压强与流速的关系	物理学与工程实践	无动力滑翔机的制作
2	欧姆定律	欧姆定律、电阻		温度报警器的制作
3	电与磁	磁生电		风力发电机的制作
4		电动机		小型电动机的制作
5	力	力		爬坡小桶的制作
6				水火箭的制作
7	浮力	物体的浮沉条件及应用		密度计的制作
8	声	声音的特性		自制柳哨
9	功和机械能	机械能及其转化		能量转化机
10	能源与可持续发展	能源		节能环保房子的设计与模型制作
11	电压、电阻	电阻	物理学与社会发展	超导材料综述
12	信息的传递	广播、电视和移动通信		物理与手机通信
13	压强	液体压强		深海的开发和利用
14	内能的利用、电与磁	热机、电动机		燃油汽车与电动汽车
15	能源与可持续发展	能源	物理学与日常生活	个人低碳生活行为指南
16	生活用电	安全用电		生活中的用电安全隐患与建议
17	运动和力	摩擦力		生活用品的改进
18	质量和密度	质量		桑叶芝麻丸的制作
19	透镜及其应用	显微镜和望远镜		保护眼睛倡议书
20	简单机械	杠杆		人、动物体中的杠杆
21	物态变化	物态变化		探索厨房中的物态变化问题

二、目标

跨学科实践是初中物理的重要课程内容,是培育学生核心素养的重要手段。学生不仅要掌握基本的物理概念、原理,更需要了解物理学与现实生活的联系,掌握探究和解决物理问题的思维方法和基本能力。学生通过跨学科实践,发展科学思维能力,建构正确的物理观念,形成对自然、社会的科学态度与责任。

初中物理跨学科实践是培育学生创新素养的有效载体,具有突出的实践性特征。初中物理跨学科实践要突出创新素养的培养,重点从学生创新人格的形成、创新思维的发展、创新实践能力的提升三个方面制定具体、可实施、可评价的学习目标,并且将学习目标贯彻于整个学习过程中,学生完成学习活动的过程即达成学习目标的过程。

三、准备

跨学科实践学习注重实践性,需要与之匹配的学习空间、教具、学具、媒体资源等,师生做好充足的课前准备是跨学科实践成功开展的前提和保障。

教师需要准备的内容主要如下:认真制定教学方案,设计教学流程,确定精准的学习目标、详细的教学过程及适切的评价方案;准备并整理好各种教学资料和教具、多媒体工具、实验器材、实践工具,确保教学活动顺利实施;提前确认教学活动场地,确保学习场地安全、整洁、舒适。

学生需要准备的内容主要如下:收集整理与主题学习相关的跨学科学习资料,了解所需的基础知识和实践技能,为实践活动奠定基础;根据主题学习任务和教师要求,准备相关的实践工具和实验器材等;讨论分析完成实践学习可能存在的困难和挑战,及时反馈给教师,共同探讨针对性的应对策略,为后续实践活动中解决难题提供思路。

学生按教师的要求做准备的过程中,不仅可以熟悉各种学具、工具、材料的使用,还能加深对活动任务的了解,提高参与意识。对于生活中不易取得的或者具有危险性的工具和材料，需由教师准备，如大型设备、木工刀、胶枪等。

四、实践

初中物理跨学科实践学习突出学生的中心地位，学生经历情境与问题、规划与设计、物理学与跨学科原理解释、探索与实践、交流与优化等环节开展自主合作学习，利用跨学科的知识和技能解决现实问题。

情境与问题环节：通过创设生活、生产中的真实有趣的情境，引入跨学科实践学习主题，发现并提出要研究的科学问题，将真实情境贯穿于学习的全过程。

规划与设计环节：学生小组合作进行学习活动设计，包括设计实验方案、制作模型草图、制定工作流程图、进行任务分工、选择材料及工具等。

物理学与跨学科原理解释环节：学生在规划与设计的基础上，围绕研究主题进行综合分析，梳理与主题相关的物理学及跨学科原理，找出其中的联系并进行解释。

探索与实践环节：学生按照活动计划展开探索实践活动，解决问题并进行实践创造。根据课程标准的要求，物理跨学科实践有3个二级主题。对于物理学与日常生活跨学科实践主题，可采用“调查—分析—建议”的活动流程；对于物理学与工程实践跨学科实践主题，可采用“制作—试验—改进”的活动流程；对于物理学与社会发展跨学科实践主题，可采用“综述—了解—展望”的活动流程。

测试与优化环节：对跨学科实践成果进行展示，对出现的问题进行改进和优化。

五、评估

基于跨学科实践学习的学科立场、实践特征和素养导向，传统的习题评价、终结性评价等考核形式已不再适应。课程标准指出：构建目标明确、主体多元、方式多样和功能全面的物理课程评价体系，不仅关注对学生终结性学业成就的考核，还重视对学生实践能力的测评。在学生解决真实问题的实践过程中，采用表现性的过程评价，更能发挥评估的诊断、评价和发展功能。表现性评价可从问题解决表现、学习物化呈现和价值体认践行三个维度来体现。问题解决表现维度聚焦学生实践的过程表现，重点评价学生在利用物理学及跨学科原理解决问题的过程中表现出的观察、分析、思考、创作等思维品质和学习成效，具体包括能否发现和提出问题、解决方案的制定与实施、能否与他人进行沟通并表达自己的观点等。学习物化呈现维度聚焦学生实践的成果物化，用制作模型、撰写报告、创作论文、设计作品等形式呈现学生的学习成果。价值体认践行维度聚焦学生实践的内化践行，通过跨学科实践学习，学生深刻认识了科学本质，了解了科学、技术、社会、环境间的关系，从而内化形成科学态度和社会责任感并在活动中践行，具体可通过学生的言语表达及具体行动来评价。

第五章 初中物理跨学科实践学习中创新素养培育策略

创新素养是21世纪人才必备的核心素养之一。从社会需求的角度来看，当今时代快速发展、科技飞速进步，社会亟须创新型人才来推动各领域的持续发展。从个人发展的角度来看，培育创新素养有助于增强自信心与自我意识，培养创新思维和创新能力，增强学生解决复杂问题的能力及终身学习的能力，从而帮助学生在未来更好地适应社会的变化与挑战，提高核心竞争力。

第一节 创新人格培育策略

一、创设学习情境

在初中物理跨学科实践中，应创设轻松愉悦的学习氛围，建立和谐平等的师生关系，满足学生的探索欲和好奇心；充分尊重每个学生的个性特点，允许他们表达独特的观点；包容学生的质疑和错误，不能简单否定，多使用探讨性话语，鼓励学生进一步改进和优化；采用多种评价手段，帮助学生树立学习自信；提升学生的自我存在感和价值感，使创新内化为学生学习生活中的一种需要。

例如：以“柳哨声声”为主题开展跨学科实践。在情境创设上，选择春意盎然的初春时节，教师带领学生在学校的操场上寻找柳树。春风拂面，垂柳依依，燕子呢喃，此情此景下，教师摘下柳枝，吹响柳哨，不仅揭示出跨学科实践学习主题，同时营造出和谐愉悦的学习环境。学生在放松的状态下，学习兴趣高涨，探究意愿强烈。随后，教师向学生展示手里的柳哨，并利用柳哨吹奏出简短的旋律。学生惊得目瞪口呆，没想到小小的柳哨竟然这么神奇，瞬间激起了学生的好奇心和求知欲，学生迫不及待地希望参与到柳哨的创新实践中去。只有关注学生的兴趣和需求，努力创造愉悦的学习氛围，创设新奇的教学情境，使学生以饱满的热情参与其中，才能使实践活动充满生机与活力，培养学生的好奇心和想象力等创新人格。

二、渗透物理学史

坚定的信念和顽强的意志是创新人格的重要特征，具体表现为：当遇到挫折和困难时，凭借顽强的意志战胜挫折，克服困难；当面对成功时，不沾沾自喜，时刻保持清醒，以成功为新起点，制定出更高远的新目标。物理学史是一部充满坚定信念和顽强意志的励志史，在初中物理跨学科实践学习中，通过学习物理学史，学生可以了解到众多物理学家不屈不挠的科学精神，以及他们为推动科学进步作出的巨大贡献。物理学家的故事告诉学生，面对困难和挫折时，不要退缩，要敢于坚持、追求真理。

例如，以“物理学与手机通信”为主题开展跨学科实践。教师着重向学生介绍通信技术的发展历程以及科技在经济生活中的重要作用。从1G到5G，中国科技工作者凭借不懈的努力，夜以继日的奋斗，取得空前的胜利。学生对中国科技工作者努力奋斗、勇于创新、不怕困难、勇于挑战的精神感同身受，大受鼓舞，萌生利用科学技术实现中华民族伟大复兴的坚定信念。

又如，以“风力发电机”为主题开展跨学科实践。教师充分挖掘法拉第的科研经历，对学生进行创新人格的培养。上课之前，先利用多媒体播放法拉第的生平故事、重要贡献。法拉第的科研精神激发了学生的讨论和思考。有的学生说，要学习法拉第为了目标坚持不懈的精神。法拉第虽然只有小学文化，但在书店里当装订工学徒时，他就爱上了看书，并且目标很明确，重点看科技书，还用自己省下来的钱买仪器做实验。经过不断努力，法拉第在化学、物理方面都作出了重要贡献，成为一代科学巨匠。有的学生说，要学习法拉第的顽强意志和百折不挠的精神。在物理学家奥斯特发现电能生磁后，法拉第确信磁也能生电。确定这个目标后，在10年中，法拉第做了多次探索,失败很多次,但他始终不放弃,最后取得了突破,发现了利用磁场产生电流的条件和规律,并发明了圆盘发电机,使人类步入电气时代。

物理学史是一座丰富的精神宝库,学习物理学史,有利于培育学生的探索精神、创新精神等创新人格。

三、开展社会实践

首先,初中物理跨学科实践可以培养学生的创新情感。创新情感是指学生在创新活动中产生的自我感受,如感受到幸福、满足、成就感等,它直接影响创新动机和创新欲望。初中物理跨学科实践最突出的特点就是实践性。学生在跨学科实践中面对各种各样的现实挑战和问题,需要利用跨学科知识和技能来解决。通过解决真实问题,学生能够感受到成功的喜悦、探索的艰辛、被同伴和教师认同的幸福等健康向上的创新情感。

其次,初中物理跨学科实践可以培养学生的冒险精神。冒险精神是一种探索未知的勇气,是一种勇往直前的斗志,是一种追求到底的毅力。在跨学科实践中,学生面对未知的情境,需要勇于尝试和冒险。冒险精神能够让学生脱离自己的舒适区,乐于挑战自己,勇于面对困难和挫折。通过跨学科实践,可以增强学生的勇气和毅力,学会从失败中吸取教训,不断成长和进步。例如,以"生活用品的改造"为主题开展跨学科实践学习,学生需要深入社会生活,使用各种各样的生活用品。面对众多情况和不确定性,学生需要组织协商解决问题,有利于培养学生勇于挑战、敢于尝试的冒险精神。

最后,初中物理跨学科实践可以让学生更好地了解社会。通过参与实践,学生可以亲身感受到社会的多样性和复杂性,从而激发学生的同理心和社会责任感,让学生学会关心他人,愿意为社会做贡献。同时,学生还可以通过实践了解自己的兴趣和潜力,为未来的职业选择做出更加明智的决定。例如:以"绿色房子的设计与模型制作"为主题开展跨学科实践学习,学生通过查阅资料、实地考察、设计图纸、制作模型,真切体会到能源问题对人类生活和社会发展的影响,能够激发起学生强烈的社会责任感,萌生保护环境、节约能源、为他人造福的意识。

第二节 创新思维培育策略

创新思维是一种侧重于创新性解决问题的思维品质。创新思维指能够积极主动地发现新问题、提出新方案、找到新方法，从而创造出新价值、新模式、新途径。创新思维是多种思维形式的有机整合体，是一种综合、复杂、相互交织、互为补充的高阶思维能力。初中物理跨学科实践学习为培育学生的创新思维提供了多种学习方式和学习方法。

一、跨学段联通

小学、初中、高中是我国基础教育的基本教学学段，常规的教学活动都是在学段内进行。初中物理处于小学科学和高中物理的中间阶段，是学生由感性思维向理性思维逐步发展的过渡，起着承上启下的重要作用。跨学段联通是指将不同学段的教学目标、教学内容、教学方法和评价方式进行联系和衔接，体现出物理学习的连续性和可持续性，帮助学生进行知识迁移，促进学习内容的衔接和拓展，加快学习方法的转化和升级，实现类比思维等创新思维的发展。

例如，以“能量转换机的设计”为主题开展跨学科实践，学生需要运用能量转换的知识进行设计和制作。教学设计如下：教师引导学生自主设计能量转换的方式和方法。在进行自主设计之前，教师引导学生建立与小学六年级科学课上所学的“无处不在的能量”的联系，通过类比分析完成知识迁移，迅速找到能量间的转换关系。又如，以“密度计的制作”为主题开展跨学科实践。学生自主讨论密度计的制作方法时，教师适时引导学生建立与小学三年级科学课上所学的“温度计读数时视线要与液柱上表面相平”这一知识点的联系，通过密度计与温度计读数方法的类比完成知识迁移。以上教学设计能够有效训练学生创新思维中的类比思维，有利于推进学生知识体系的螺旋式、阶梯式发展。

二、跨学科融合

跨学科融合是指将不同学科的知识、技能、思想方法进行融合，促使学生更全面、更深入地理解问题并创造性地解决问题。跨学科融合是初中物理跨学科实践学习的突出特征。

跨学科融合可以为学生提供多元的思维角度。通过将物理学与其他学科的知识和技能进行整合，可以提供多元的学科角度，拓宽思维路径，形成多样化的思考方式，帮助学生综合性、创意性地解决问题。例如，通过将物理学与生物学和化学知识进行融合，应用于污水处理，创造性地开发出新技术来处理污水，能够有效解决环境问题，培养学生的创新思维。

跨学科融合可以促进学生间的多元交流。多元智能理论告诉我们，学生的智能发展水平是不一样的，不同的学生在不同的智能领域各有特长。跨学科融合为每位学生发挥特长、在不同智能领域交流学习提供了平台，学生可以互相学习，取长补短。例如，以“柳哨声声”为主题开展跨学科实践，需要学生具有操作技能和音乐基础。具有操作技能的学生制作柳哨，具有音乐基础的学生负责调试柳哨的音调，学生在发挥各自特长通力合作的过程中互相学习，不仅可以提高学生的团队合作能力和交际能力，还可以促进学生创新思维的发展。

跨学科融合可以弥补学生知识的不足。跨学科融合可以在不同学科之间弥补知识的不足，使学生能够全面掌握多个领域的知识和技能，提高创新思维的广度。例如，以“太空的利用对人类社会发展的意义”为主题开展跨学科实践，学生通过整合计算机科学和设计艺术的知识和技能，展现跨学科实践学习成果。

综上，跨学科融合为学生提供了更加全面多元的思维角度、促进了学生间的多元交流、弥补了学生知识的不足，从而拓宽了创新思维的广度。

三、跨领域探索

跨领域探索是指将在一个领域中学习到的知识和技能应用到另一个领域中去，从而提高学习效果和创造力的一种学习方式。迁移学习是跨领域探索的主要特征，能够促进学生创新思维的发展和解决问题能力的提升，提高学生创新思维的深度。

跨领域探索引导学生进行不同领域间的学习迁移。跨领域探索旨在引导学生利用已有的认知方法，探究已有认知领域之外的更广泛、更复杂的问题。虽然不同学习领域间有着一定的距离，但学习过程中有一些东西是相通的，这些相通的东西就是可迁移的东西，掌握了迁移的方法，就可以利用已有认知领域内学习到的东西加快新领域内的学习。例如，在初中物理跨学科实践学习中，将哲学和人工智能领域的知识结合起来，探究人工智能是否具备"形而上学"特征，跨越了哲学、人工智能和科技伦理三个领域，使学生的创新思维得到更深的拓展。

跨领域探索引导学生建立多领域间的联系。跨领域探索可以让学生更深入地探究不同领域之间的联系，促进学生深度思考问题，发展创新思维。例如，将物理学的发展和人类发展的历史结合起来，学生就能深刻理解科学技术对自然环境、人类生活和社会发展的影响，确定社会、自然、科技各领域间相互依存、相互制约的关系。

跨领域探索引导学生进行多领域整合。跨领域探索能够启发学生将多个领域的知识背景进行融合，从而发现和创造新的领域。例如，将物理学和计算机科学结合起来，能够让学生更好地理解两个领域间的联系，从而发现和创造新的领域，如物理实验的计算机模拟。

四、支架式教学

教学支架指教师提供各种线索和提示，协助学生在原有认知水平的基础上攀爬认知台阶，培养独立学习的能力，不断建构自己的知识体系，逐步达成学习目标。支架式教学是提升学生思维高度的重要手段，支架式教学模型如图5.1所示。初中物理跨学科实践学习中的常用教学支架有范例支架、问题支架、建议支架、工具支架、图表支架、实验支架等。教师以学生现有的认知水平为基础，利用教学支架为学生搭建台阶，协助学生提升思维水平，最终实现知识体系的自主建构，提升创新思维的高度。

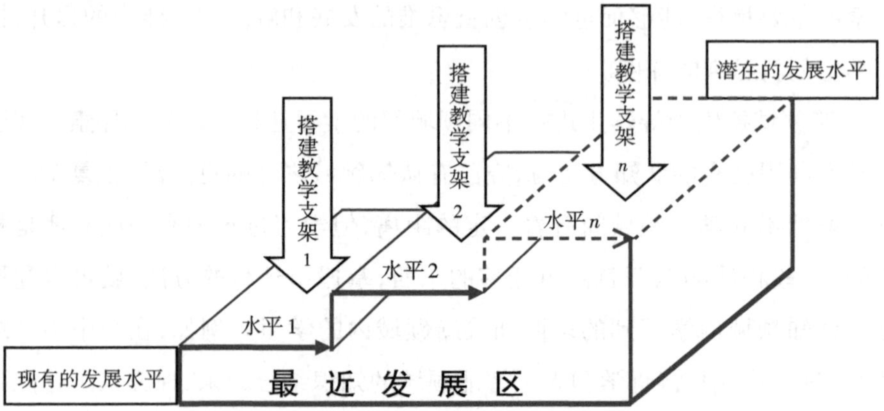

图 5.1 支架式教学模型

(一)范例支架

范例支架是基于类比的科学思维方法提出的,是将与研究主题高度相关的优秀学习成果作为范例向学生展示,帮助学生突破思维障碍的一种教学工具和手段。例如,以“密度计的设计与制作”为主题进行跨学科实践教学时,建构密度公式是学习的难点,此时,教师可以引导学生回顾已经学习过的速度、功率公式的表达方法,搭建思维类比的范例支架,助力学生独立建构密度公式,从而展开探究学习。

(二)问题支架

问题支架通常以问题串的形式出现。教师针对某个学习难点设计出一系列问题,激发学生深度思考,帮助学生将学习疑难逐级分解,以问题为载体,小步子、多梯度突破学习障碍,助力思维发展,逐步揭示物理问题的本质。例如,在制作小电动机的过程中,针对学生设计实验时的学习障碍,教师可设计以下问题支架:①如果把线圈两端的漆皮全部刮去的话,会怎样呢?②如何让线圈转过平衡位置后,受力方向发生改变而持续转动呢?③如何及时改变电流的方向?通过以上问题支架的引导,帮助学生经历突破“换向器”这一难点的完整思维过程。问题支架中包含多个不同类型与难度的问题,引导学生扩展视野和思路,助力学生综合运用知识与技能,发现关键因素，提高解决问题的能力，提升创新思维水平。

（三）建议支架

当学生学习遇到障碍时，教师或同伴可以针对问题的关键点，快速直白地提供建议，帮助其顺利突破思维障碍，从而轻松地获得创造性的成果。例如，以“桑叶芝麻丸的制作”为主题进行跨学科实践学习时，教师或同伴提出天平使用的注意事项，督促学生养成良好的实验习惯，保障实验的顺利进行。建议支架如下：①将天平放到水平台上；②将游码放到标尺的零刻度线处；③调节平衡螺母，使指针指到分度盘的中央；④测量时，左盘放物体，右盘放砝码；⑤使用镊子夹取砝码和移动游码。建议支架通过对具体的问题或情境提供一些建议和指导，帮助学生更好地思考和解决问题，激发学生的创新思维。

（四）工具支架

在教学过程中，为了保证学生对知识进行同化和顺应，对概念进行内化和建构，让学习过程顺利完成，教师提供的认知、写作、会话、交流、展示、共享的平台等都可以理解为工具支架。具体来说，多媒体设备、计算机、工具书等都是典型的工具支架。例如：利用计算机可以拟合大量的实验数据，使实验结论更具普遍性，使学生快速找到物理规律；利用视频工具，可以再现原子核结构、声波的波形、核裂变等现象，易于学生理解物理问题的实质；利用数字化传感器，可以使物理实验数据更精准，助力学生得到更准确的结论。实践表明，工具支架可以帮助学生扩大视野，提高解决问题的能力，优化解决方案，有效培养学生的创新思维。

（五）图表支架

图表是各种图示和表格的总称，是实现思维可视化的有效手段，能够形象直观地向学生展现物理量间的逻辑关系、思维过程和研究方法，为学生建构完整的物理概念体系提供向上攀爬、获得提升的支点。例如。框架图可以帮助学生直观地表达物理概念间的关系，系统地把握知识脉络，深入建构知识的内涵和外延，增强思维的系统性和连贯性。在以“人和动物体中的杠杆”为主题的初中物理跨学科实践学习中，教师可以指导学生用画框架图的形式建立杠杆的知识体系。如图5.2所示为简单机械的内容框架图。

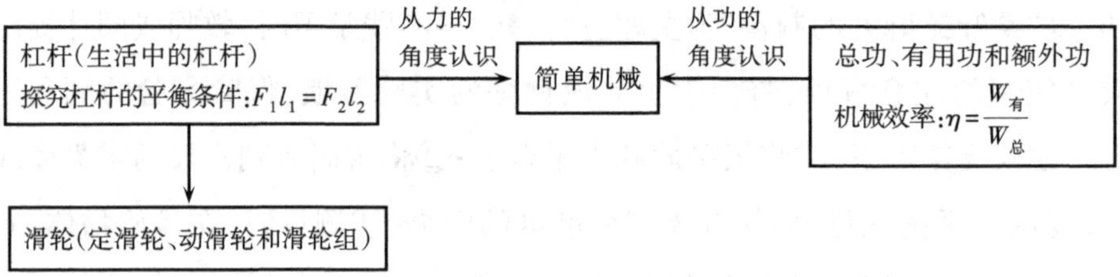

图5.2 简单机械的内容框架图

（六）实验支架

实验是物理学的基石，实验可以增强学生的感性认识，学习物理科学方法、发展科学思维、培养科学态度和科学精神。在现行的所有版本的物理教材中，每一节都安排了极其丰富的实验素材，除了必须用好教材实验支架外，在初中物理跨学科实践教学中，教师还应根据学情，恰当地增加其他实验支架，以助力学生建构知识体系。例如，以“保护眼睛”为主题进行初中物理跨学科实践学习，传统的学习方式是通过动画展示眼睛是如何看到物体的，如果教师引导学生利用光具座、凸透镜、光屏做实验，模拟眼睛成像，不仅能帮助学生更好地理解眼睛成像的原理，还有利于理解近视眼和远视眼的成因。

第三节 创新实践培育策略

创新实践是创新人格和创新思维在真实问题解决过程中的具体表现。在初中物理跨学科实践学习中，通过精心设计创新实践活动，引导学生以探究、设计、制作等方式进行学习，利用实践操作、实践应用、实践表达三环节培育学生的创新实践素养。

一、实践操作

实践操作指学生在学习过程中通过动手操作、亲身体验,实现对所学知识的实际应用,是理论知识学习的延伸和补充。通过具体的实践操作,可以培养学生的实践能力和创新精神,从而培育学生的创新素养。实践操作包括实验操作、实践应用、技能训练等。

(一)突出体验式学习

体验式学习能够提高学生的主动性,让学生自主进行实验和探究,发挥想象力,通过考察、调研、实验、应用等方式,真切体验提出问题、发现问题、解决问题的完整探索过程。

(二)鼓励学生进行实验设计

教师可以提供一定的实验场景和条件,鼓励学生自主进行实验设计,即根据具体的实验目标,选择实验装置、设备,设计实验步骤等,促使学生在实验设计过程中逐渐提高设计能力和创新思维水平,更好地利用已有知识解决实际问题。

(三)鼓励学生动手实验

为了鼓励学生动手实验,教师要为学生创设安全、舒适的实验环境,提供足够的实验器材和实验场所,选择有趣且实用性强的实验内容,将知识学习转化为实验活动,组织学生通过自主探究的形式开展实验,让学生在实验过程中学习新知。在学生进行实验时,教师应给予适当的引导和帮助,

(四)鼓励学生进行创新

教师应重视学生在实验中的创新想法,支持学生通过不断探究对实验方案进行改进,从而加强对知识的理解。鼓励学生进行创新可以帮助学生更好地实践应用所学知识。

以“密度计的设计与制作”为例，制作密度计要完成两个目标：第一，使密度计（吸管）在液体中竖直漂浮；第二，给密度计（吸管）标记刻度。在完成第一个目标时，同学们想到可以向吸管中加入铁砂，增加配重，使吸管竖直漂浮在水中。但是，如何使铁砂保持在吸管中而不脱落呢？同学们又想到利用实验桌上的橡皮泥。随着实验的进行，橡皮泥在液体中漂浮的时间过长，有可能会因被水泡而变质。应该怎么解决这个问题呢？教师提醒，讲台上放有石蜡，同学们可以将自己制作的吸管塞上橡皮泥，然后在外面涂上一层石蜡，这样可以保护橡皮泥不受液体浸泡而变质。

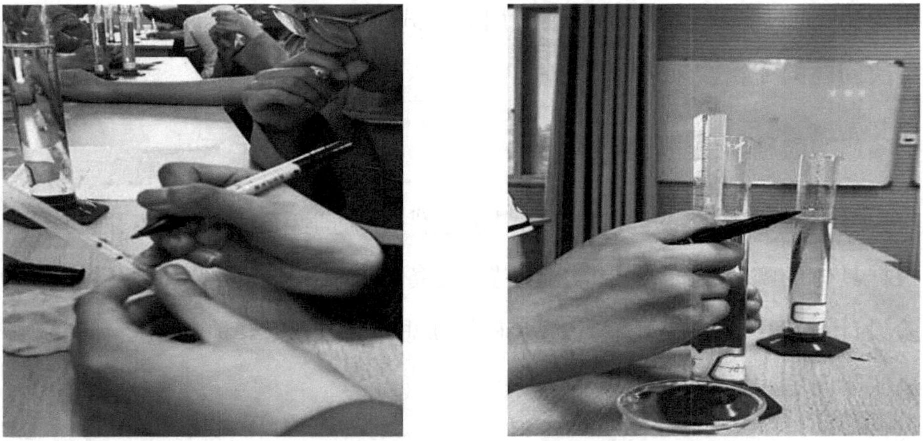

图 5.3 密度计的设计与制作

标记刻度时，分别将密度计放在水中和酒精中，测量出液面与管口的距离，用记号笔分别标上 1 和 0.8。那其他刻度应如何标记呢？要将所有不同密度的液体都配制出来吗？教师可以引导学生利用数学知识推导完成刻度的标注。

二、实践应用

实践应用是指将所学的理论知识应用于具体的实际生活和工作中，实现实际问题的解决和实际产品的设计制作。实践应用能够检验知识技能，也是知识内化和转化的最终目标。在初中物理跨学科实践学习中进行实践应用,可以促进理论知识与实际问题的结合,帮助学生提高实践技能,深入认识科学技术的本质,提高学生对所学知识的掌握程度和解决问题的能力,实现独立思考、理性判断,产出创新产品。实践应用是培育学生创新素养的重要途径。

初中物理跨学科实践学习的突出特征就是实践性,实践应用领域包括生活生产、科学技术、工业和农业等。例如,以“制作风力发电机”为主题开展初中物理跨学科实践学习,学生将电场、电磁感应等理论知识应用于发电机的设计和制作,可以帮助学生充分理解和掌握电磁学理论知识的内涵及其具体应用,培养学生对实际问题的创新解决能力。同时,实践应用也可以为学生适应未来职业发展和社会生活打下基础,提高学生适应社会生活的能力。

三、实践表达

实践表达是指学生将跨学科实践学习中所获得的知识、技能、经验、产品等学习成果,通过多种方式进行表达和展示。实践表达是跨学科实践学习延伸和巩固的重要环节。

实践表达有语言表达、书面表达、图像表达、展演表达等多种方式。例如:在物理学与日常生活的跨学科实践学习中,可以通过演讲、文稿、视频等形式对学习成果进行表达;在物理学与工程实践的跨学科实践学习中,可以通过设计图纸、展示科技作品等方式进行成果展示;在物理学与社会发展的跨学科实践学习中,可以通过比赛、辩论、情景剧表演等形式进行学习成果展示。

实践表达是显化学生学习成果和创新能力的重要方式,更是学生反思学习过程、提炼学习方法、积累学习经验的必备手段。创新成果的实践表达过程,可以让学生系统梳理自己的创新思路和创新亮点,观众的认可进一步激发了学生的学习积极性和创新潜能,使创新素养培育进入良性循环。

综上,初中物理跨学科实践学习中创新素养培育策略如图5.4所示。

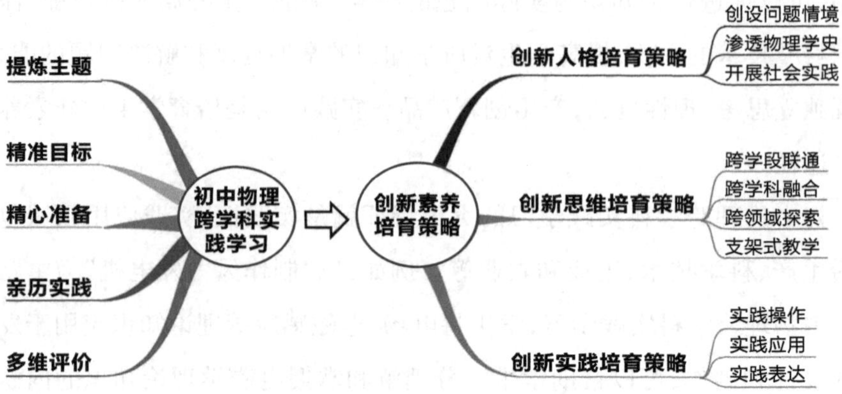

图 5.4 初中物理跨学科实践学习中创新素养培育策略

第六章 基于创新素养培育的初中物理跨学科实践学习教学案例

案例一 大火做饭还是小火做饭更节能

一、选定主题

物理学不仅是一门重要的自然学科，还为人们提供了思考问题的方式和解决问题的方法，帮助人们解释自然现象、解决实际问题。在实际生活中，准确运用物理学原理，能够实现合理利用资源，创造更加健康、舒适和高效的生活方式。

物理学原理在厨房用品的使用及烹饪过程中有着广泛的应用，涉及热传导、热辐射、能量转换、压强、物态变化、电路等。比如，在做饭时，有多种方案：有人是用大火做饭，认为可以缩短时间，以节省天然气；有人是用小火做饭，认为可以节省天然气；还有人是先大火后小火。到底是大火做饭还是小火做饭更节能呢？

二、确定目标

表6.1 学习目标

素养要素	素养目标
创新人格	由生活中做饭的问题激发好奇心和想象力；在探究节能效果的实验过程中形成敢想、敢为、坚持的人格特质
创新思维	在研究大火做饭还是小火做饭更节能的过程中，使用控制变量的科学方法，基于事实证据和科学推理对提出的观点进行质疑和批判，进而提出创造性的见解，体会进行科学推理与论证的科学思维方法

续表：

素养要素	素养目标
创新实践	根据生活中的经验对大火做饭还是小火做饭更节能做出猜想；根据猜想设计实验并收集证据，基于证据作出解释；在解决现实问题的过程中养成质疑创新的思维能力，培养分析和解决问题的能力、动手实践的操作能力

三、学习准备

教师准备：与天然气使用效率有关的视频或文字资料；天然气使用安全注意事项；天然气表读数指南。

学生准备：在家中准备以天然气为燃料的灶具，做饭的锅具（锅盖上有散热孔），一根细长坚硬的铁丝，三块大小和形状相同的土豆（或其他食材），计时钟表。

四、探究与实践

（一）情境与问题

教师展示各位同学在家中煮鸡蛋、煮面条等的视频。学生通过比较发现，虽然都是用天然气做饭，但用火方式不一样：有的同学一直开大火；有的同学一直开小火；还有的同学先开大火把水烧开，再调为中小火。

学生根据以上生活现象展开讨论。

甲同学认为：一直开大火，可以快速做饭，节省时间就会节省燃料。

乙同学认为：一直开小火，虽然做饭用时长，但燃气流量小，会节省燃料。

丙同学认为：水沸腾后，温度保持沸点不变，再开大火则浪费燃料，此时开中小火也能达到一样的效果。

于是提出问题：大火做饭还是小火做饭更节能？

(二)规划与设计

1.确定研究主题的物理学本质

“大火做饭还是小火做饭更节能”这一问题的物理学本质是热量损失与什么因素有关。通过分析发现,做饭时的能量损失绝大部分是对空气的散热,需要通过相关文献查找燃气灶对空气散热的原因。

2.设计做饭方案

学生讨论实验方案如下:方案一,始终用大火做饭;方案二,始终用小火做饭;方案三,先大火烧水至沸腾再转中小火做饭。以上三个方案使用相同的水量达到相同的烹饪效果,通过读天然气表来比较耗气量的多少。

如何达到相同的烹饪效果? 这是本实验的难点。为了突破这一难点,本研究主题使用的食材是削成相同大小的同种土豆,使用锅具的锅盖透明,并且锅盖上带有透气孔。在煮土豆时,使用一根细长且坚硬的铁丝从锅盖透气孔扎入锅内,以“土豆能被铁丝扎透”视为达到相同的烹饪效果,用计时表记录这一过程所用的时间。

(三)物理学与跨学科原理解释

本研究主题用到的物理学与跨学科知识有:

(1)影响燃气效率的因素:燃气灶火焰的加热时间;燃气灶火焰与空气的温度差;燃气灶火焰与空气的接触面积(即大火还是小火)。

(2)沸点:液体沸腾时吸收热量,温度不变。

(3)天然气使用注意事项:

① 安装操作应由专业人员进行,安装完成后应定期进行安全检修保养。

② 保持燃气管道畅通,避免管道被压弯、磨损或加热变形等现象的发生。

③ 使用天然气时要确保室内通风,天然气在室内燃烧时会产生一定量的一氧化碳等有害气体。

④ 使用燃气灶时,应将易燃物品放置在远离燃气灶的地方,以免造成火灾。

⑤ 留心燃气的气味,如果嗅到燃气泄漏,应立即打开门窗,不要使用明火,不要开关任何用电器。

(4)天然气表读数方法:学生自主学习天然气表的读数方法,如图6.1所示,并进行实操读数。

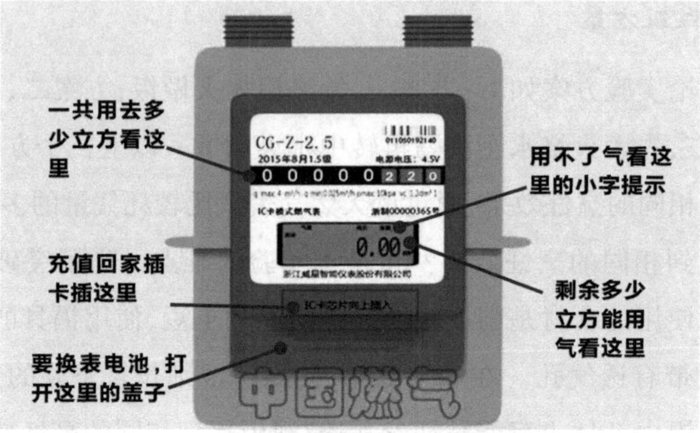

图6.1 天然气表示意图

(四)探索与实践

1.猜想

通过物理学与跨学科原理对研究主题“大火做饭还是小火做饭更节能”的三个方案进行分析。

方案一:大火做饭虽然节约了水到达沸点的时间,但对于家庭中非密闭的锅具,水沸腾后温度不再升高,大火加大了火焰与空气的接触面积,由于热传导造成能源损失。

方案二:小火做饭虽然可以减小火焰与空气的接触面积,但加热时间长,也会造成能源浪费。

方案三:沸腾前用大火加热,缩短了水到达沸点的时间。沸腾后用中小火,既可以减小燃气的用量,又可以维持沸腾。

通过分析，猜想达到相同烹饪效果，第三种方案可能最节能、最省燃气。

2.进行实验

(1)将同种土豆切成大小相等的3块。

(2)第一次实验。实验前先记下天然气表的示数。在锅具中装入2 L常温水，放入一块土豆。始终用大火加热，将一根细长坚硬的铁丝从锅盖透气孔中插入，待土豆恰能插透时停止加热。根据实验前后天然气表的示数差计算本次耗气量V_1。

(3)第二次实验。实验前先记下天然气表的示数。在锅具中装入2 L常温水，放入一块土豆。始终用小火加热，将一根细长坚硬的铁丝从锅盖透气孔中插入，待土豆恰能插透时停止加热。根据实验前后天然气表的示数差计算本次耗气量V_2。

(4)第三次实验。实验前先记下天然气表的示数。在锅具中装入2 L常温水，放入一块土豆。先用大火加热，至水沸腾后改为中小火加热，将一根细长坚硬的铁丝从锅盖透气孔中插入，待土豆能插透时停止加热。根据实验前后天然气表的示数差计算本次耗气量V_3。

3.分析论证

在达到相同烹饪效果的前提下(相同的土豆恰好能够扎透)，比较三次实验消耗的天然气量，判断哪种方式最节能。

实验结果为：$V_1>V_2>V_3$。

实验结果表明，先大火加热到沸腾，然后转中小火，消耗的燃气量最小，燃气灶做饭效率最高。水沸腾后，不需要大火也能保持沸腾，保持沸点温度不变。一直开大火会浪费燃气，增加燃气的热量损失，燃气用量最大，燃气灶做饭效率最低。

(五)展示与优化

鼓励学生在日常做饭中实施优化方案，检验节能效果。

学生对实验进行优化：

(1)为了提高实验数据的准确度，每次实验应做3次，取平均值。为了提高实验的普适性，应换多种食材，重复实验。

(2)影响燃气效率的因素除了火力外，可能还与做饭量的多少、锅具的选择等有关，可以分别研究，达到最佳节能效果。

整理汇总实验过程及实验结论，在班级进行汇报。也可以举办烹饪比赛，同学之间互相评价，互相学习，共同进步。

五、多维评价

表6.2 创新素养评价表

创新素养要素	评价纬度	评价内容	自评	互评	师评	改进
创新人格	价值体认践行	具有好奇的人格特征，能发现燃气灶使用过程中的效率问题，乐于探索，积极实践				
		具有优选的人格特征，能在活动中选择解决问题的最优方案				
		具有敢为的人格特征，能在活动中独立思考，敢于挑战新事物，敢于说出自己独到的见解				
		具有坚持的人格特征，能在活动中专注认真，不怕困难，持之以恒				
创新思维	问题解决表现	能根据生活经验针对研究主题提出自己的猜想，提出可行的探究方案				
		能通过自主学习，明确燃气灶使用的注意事项				
		能发现任务中遇到的问题，敢于质疑，提出具有创新性的见解，提出解决方案				
创新实践	物化成果呈现	能利用物理学、化学等跨学科原理完成实验报告，并在生活中应用探究成果				

对学生进行多维评价，教师可以更全面地了解学生在学习过程中的表现，从而更全面客观地评价学生的学习效果。同时，多维评价也能使学生更好地了解自己在学习过程中的表现，从而发现自己在某些方面的不足，并及时弥补。

案例二 高楼安全隐患研究

一、选定主题

"能运用所学知识分析日常生活中的安全问题，提出解决方案，践行安全与健康生活"是课程标准中"物理学与日常生活"跨学科实践主题的目标要求之一。安全与健康对人们的生活至关重要。健康是人们幸福生活的基本保障，是指身体和心理上的良好状态。践行健康的生活方式可以有效地减少患病的可能性，能够保障人们充满活力、精力充沛地生活和工作。安全是人们生活的基本需求，是指人们在工作、学习、生活中得到保障和不受威胁的状态。保持安全的生活环境可以减少意外事故的发生，保护人们身体和财产安全。安全与健康是相辅相成的。在工作和生活中保持安全，可以避免事故和意外，减少患病的风险，提高生活品质，促进人体健康。

生活中的安全问题和物理学息息相关。随着生活水平的提高和城市化进程的加快，高层住宅因节约土地、视野开阔、生活便捷等优点遍布城镇，随之而来的安全隐患也给人们的健康生活带来了诸多危害与不便。引导学生运用所学物理学及其他跨学科知识分析高楼的安全隐患，提出解决方案并在生活中践行，既能培养学生利用物理学及跨学科知识分析问题、解决问题的创新能力，又能促进学生将学习成果转化为实际行动，实现健康生活。

二、确定目标

1. 能结合生活经验，发现高楼存在的安全隐患，寻找解决方案，培养创新人格。

2. 能利用物理学与跨学科思维进行高楼安全隐患实验设计，形成创新思维。

3. 能利用多学科知识和技能进行高楼安全隐患模拟实验，培养创新实践能力。

4. 通过学习活动，完成"高楼居住安全倡议书"，并在生活中带头践行，提高健康与安全生活的意识，完善创新人格。

三、学习准备

教师准备：准备教学用PPT、吹风机、自制纸房子、探究重物下落危害的实验仪器。下载消防网站的科普视频，整理《中华人民共和国民法典》和《中华人民共和国刑法修正案（十一）》中关于高楼坠物的安全条例等。

学生准备：准备硬币、制作手抄报的材料等。观察生活中存在的高楼坠物等安全隐患。

四、探究与实践

（一）情境与问题

播放歌曲《春天的故事》，回顾改革开放以来我国的发展，让学生谈一谈家乡的巨大变化。现在生活水平提高了，衣、食、住、行方面有了很大改善，很多家庭住上了高楼。让学生谈一谈住高楼的居住体验，想一想存在哪些安全隐患。

让学生谈改革开放以来家乡的变化，有两个意图：一是体会我国经济社会的高速发展，通过对比分析激发学生的民族自豪感，以及为家乡、为祖国贡献力量的美好愿景；二是结合学生的生活体验，辩证地思考讨论住高楼的优点和安全隐患，引发学生对生活习惯与健康安全的深入思考，激发学生的社会责任感，尝试利用多学科知识分析和解决问题。

（二）规划与设计

针对居住高楼，学生提出以下安全隐患：火灾、风灾、高空坠物。对三种安全隐患，进行如下探究设计：

1. 火灾安全隐患

查阅消防网站，学习高楼火灾防范知识，主要包括以下方面：火灾的危害有哪些？如何预防火灾？住高楼发生火灾的原因是什么？火灾中如何自救？

2. 风灾安全隐患

模拟大风实验，探究大风对高楼居住存在哪些安全隐患。设计的模拟实验如图6.2所示。

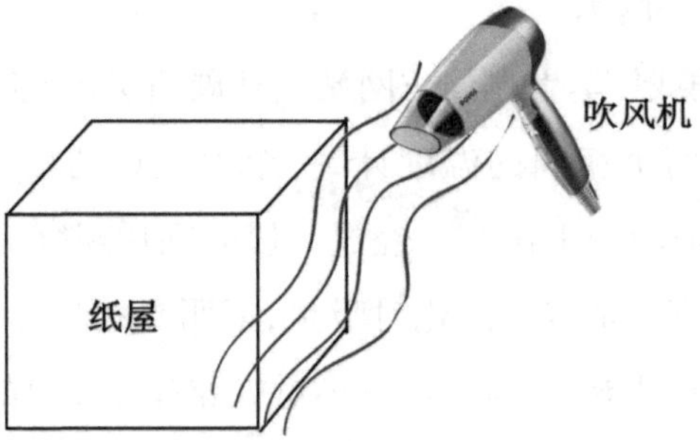

图6.2 用吹风机模拟大风吹过纸房子的外侧

3. 高空坠物安全隐患

模拟高空坠物，让同一重物从不同高度（如10 cm、50 cm、100 cm）落下，如图6.3所示，观察其对地面造成的危害有什么不同？让不同的重物从同一高度落下，如图6.4所示，观察其对地面造成的危害有什么不同？利用重物落下时砸出的沙坑深度比较危害的大小。

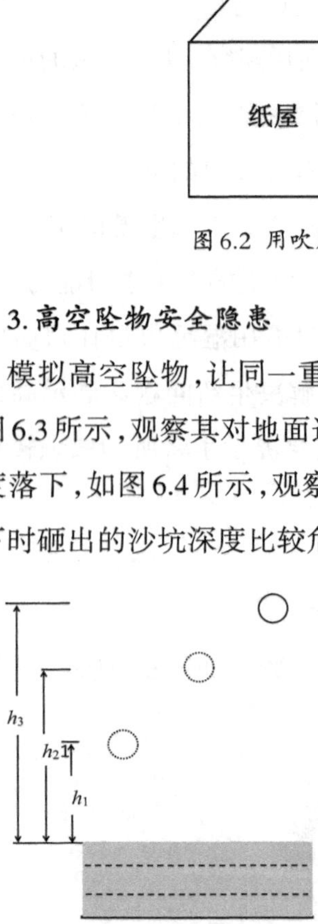

图6.3 探究同一重物在不同高度下落后对地面造成的危害

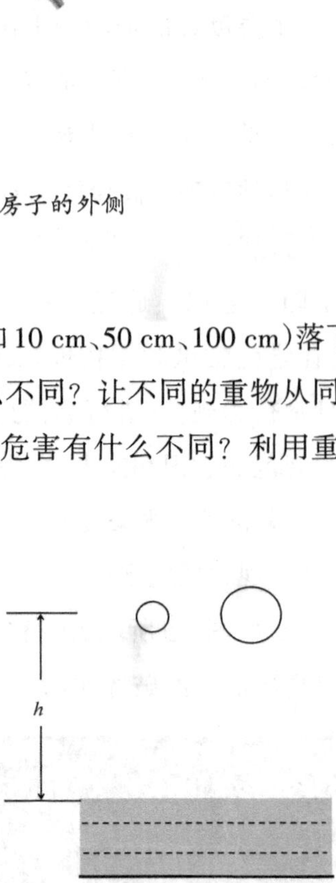

图6.4 探究不同重物在相同高度下落后对地面造成的危害

学生针对研究主题进行规划与设计，旨在培养学生的创新思维和解决问题的能力。针对高楼火灾安全隐患进行学习，培养学生自主学习与合作学习的能力，以及获取有用信息的能力；针对高楼风灾安全隐患和高楼坠物安全隐患进行学习，启发学生尝试使用模型、实验的方法解决问题，培养学

生针对问题制定合理的解决方案的能力。

(三)探索与实践

1. 高楼火灾安全隐患

(1)根据学习规划,学生在消防网站上开展高层建筑防火安全学习。

(2)教师准备两个相同的温度计,一个温度计的玻璃泡裹上含水的海绵,一个温度计的玻璃泡上没有。经过一段时间后观察,裹有含水的海绵的温度计温度下降,原因是液体汽化时吸热,证明高楼起火时用湿毛巾捂住口鼻,可以有效降低高温燃气的温度,减小对口腔和呼吸道的损伤。

(3)学生展示高楼防火日常行为规范,进行高楼火灾逃生模拟演练。

通过学生自主学习高楼消防安全知识,培养学生的自主学习能力,建构安全防火意识。通过演示实验揭示高楼起火时需用湿毛巾捂住口鼻的原因,让学生尝试利用物理知识解释生活现象和解决生活问题。展示高楼防火日常行为规范,进行高楼火灾逃生模拟演练,培养学生将所学知识转化为行为规范的意识和能力,助力学生健康生活。

2. 高楼风灾安全隐患

(1)观看风灾视频。

(2)如图6.5所示,进行口吹硬币跳跃木块实验。如图6.6所示,模拟大风对高层窗户的破坏作用。

图6.5 口吹硬币跳跃木块实验

图6.6 模拟大风对高层窗户的破坏作用实验

(3)学生展示高楼风灾安全防护指南。

生活现象中往往蕴含着深刻的物理学原理,学生通过模拟实验体会空气中气流的差异对物体的影响,从而分析得到流体压强与流速的关系,能够培养科学思维能力和实验操作能力。在实验过程中,学生真切体验到强风造成的危害,能够激发学生的危机感和社会责任感,从而积极思考安全措施并在生活中践行。

3.高楼坠物安全隐患

(1)观看高空坠物造成危害的视频。

(2)学生探究重物从高空落下对地面造成的危害。

①探究同一重物在不同高度下落时对地面造成的危害。

将同一金属块分别从不同高度下落,比较海绵下陷的深度,如图6.7所示。

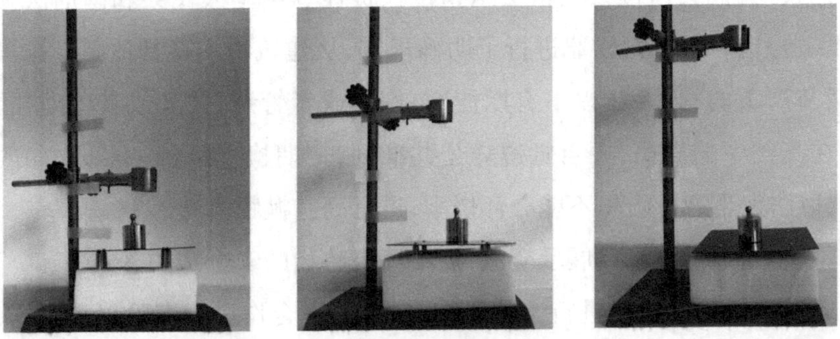

图6.7 同一重物从不同高度下落,比较海绵下陷的深度

②探究不同重物在同一高度下落时对地面造成的危害。

将不同重物分别从同一高度下落,比较海绵下陷的深度,如图6.8所示。

图6.8 不同重物从相同高度下落,比较海绵下陷的深度

教师点拨:重物从高空落下能使海绵下陷,说明重物具有能量,重物由于被举高具有的能量是重力势能。

学生总结:重力势能的大小与物体质量以及物体下落的高度有关,物体的质量越大、物体下落的高度越大,物体的重力势能越大。重力势能越大,对地面的破坏程度越大。

(3)学习《中华人民共和国民法典》和《中华人民共和国刑法修正案(十一)》中关于高空坠物的法律条款。

教师出示《中华人民共和国民法典》和《中华人民共和国刑法修正案(十一)》中关于高空坠物的规定。《中华人民共和国民法典》细化了高空抛物致人损害的承担责任主体,从建筑物中抛掷物品或者从建筑物上坠落的物品造成他人损害的,由侵权人依法承担侵权责任。《中华人民共和国刑法修正案(十一)》也对高空抛物罪进行了明确规定,从建筑物或者其他高空抛掷物品,情节严重的,处一年以下有期徒刑、拘役或者管制,并处或者单处罚金。生活在高楼中的居民,要自觉遵守公共准则,定期检查阳台、室外物品的安全性,以防发生意外。更不能心怀侥幸,进行高空抛物。

(4)学生学习讨论后展示交流,提出高空坠物的安全防护措施。

通过模拟生活情境进行实验研究,学生分工合作进行实验、分析实验结果、阐述结论等,培养学生的团队精神和协作能力,建构能量、能量转换、重力势能的概念,掌握控制变量的研究方法,学会从能量的角度解释生活问题,培养了创新思维和创新实践能力。同时,在实验过程中,学生真切地体验到高空坠物造成的危害,意识到作为社会成员的责任和义务,有利于形成正确的安全观和社会责任感。

(四)物理学与跨学科原理解释

本研究主题涉及的物理学与跨学科知识有:

物理学:汽化吸热、流体压强与流速的关系、能量、重力势能、能量转化。

化学:燃烧及燃烧条件。

道德与法治:《中华人民共和国民法典》和《中华人民共和国刑法修正案

(十一)》中关于高空坠物的法律条款,相关消防安全法规。

"高楼安全隐患研究"是物理学与日常生活相联系的跨学科实践主题,涉及多个学科的知识和原理。学生通过深入理解物理学与跨学科原理,学习从物理学视角发现问题,综合利用多学科知识和技能来解决问题,提升了跨学科综合分析问题和解决问题的创新思维能力。

(五)展示与优化

如图6.9所示,学生完成"高楼居住安全与健康生活指南"手抄报并进行展示,互相交流高楼居住的安全行为准则。

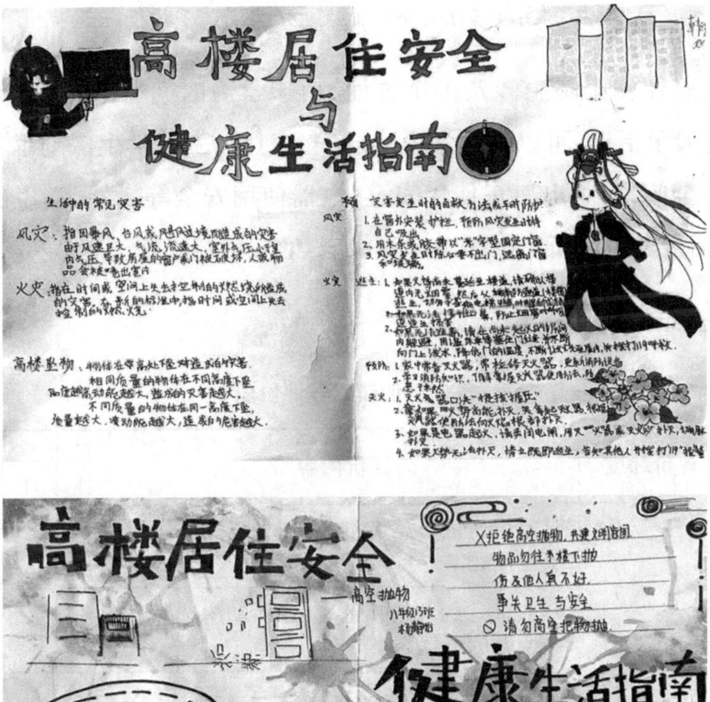

图 6.9 “高楼居住安全与健康生活指南”手抄报展示

高楼居住安全隐患涉及多个方面，由于学习时间有限，不可能面面俱到。通过展示活动，可以帮助学生形成安全意识，引导学生深刻思考生活中的其他安全问题，如电瓶车使用安全、电器使用安全等，增强学生的创新实践能力，拓宽学生创新思维的深度和广度，形成创新人格。

五、多维评价

表 6.3 创新素养评价表

创新素养要素	评价纬度	评价内容	自评	互评	师评	改进
创新人格	价值体认践行	具有好奇的人格特征，乐于探索高楼居住安全问题				
		具有优选的人格特征，能在活动中选择解决问题的最优方案				
		具有开放的人格特征，愿意了解风灾、火灾、高空坠物等安全隐患的原因、危害及预防措施，主动拓展自己的知识视野				
		具有独立的人格特征，能在学习活动中独立思考，发表独到的见解				
		具有坚持的人格特征，能在学习活动中专注认真，不怕困难，持之以恒				

续表：

创新素养要素	评价纬度	评价内容	自评	互评	师评	改进
创新思维	问题解决表现	能发现高楼居住的优势与不足，提出高楼居住存在的安全隐患				
		能通过自主学习提出消除高楼火灾隐患的安全建议				
		能通过模拟实验提出消除高楼风灾隐患的安全建议				
		能通过探究实验证实高空重物下落对地面的危害，发现重力势能与物体质量及物体下落高度有关，提出消除高空坠物安全隐患的建议				
创新实践	物化成果呈现	完成“探究重物高空落下对地面造成的危害”实验报告				
		完成“高楼居住安全倡议书”				

对学生进行多维评价，教师可以更全面地了解学生在学习过程中的表现，从而更全面客观地评价学生的学习效果。同时，多维评价也能使学生更好地了解自己在学习过程中的表现，从而发现自己在某些方面的不足，并及时弥补。

案例三 制作杆秤

一、选定主题

课程标准提出：“了解我国古代的技术应用案例，体会我国古代科技对人类文明发展的促进作用。”杆秤是我国古代常用的计量工具，是工程技术在实践中应用的典例。经过漫长的历史进程，杆秤在使用范围和技术上都发生了很大的变化，至今民间仍偶有使用。在古代，杆秤不仅是一种计量工具，同时具有丰富的象征意义，具有公平正义、公道正派、诚实守信的中国传统文化内涵。

杆秤作为一种重要的计量工具，其制作和使用涉及众多学科。首先，从物理学角度来看，杆秤是一个杠杆，其工作原理是杠杆的平衡条件；其次，杆秤的标度需要运用数学知识进行设计和计算，以保证准确的标度，产生稳定的测量结果；然后，杆秤的制作需要考虑材料，秤杆、提纽、秤盘等部分均需要选用轻质、坚固、耐用的材料。杆秤的制作需要精准的制作工艺。选用“制作杆秤”作为初中物理跨学科实践学习主题，有助于提高学生解决问题的能力，有助于提高学生的创新思维水平和创新实践能力，同时有助于提升学生对物理学原理的理解，培养创新人格。

二、确定目标

1.认识杆秤的结构，会使用杆秤称量物体的质量，激发学生的好奇心、求知欲，培养学生敢想、敢做、乐学的创新人格。

2.通过探究实验，建立杠杆模型，探究得出杠杆的平衡条件，形成创新思维。

3.经历杆秤的设计与制作过程，提升创新实践能力。能利用自制的杆秤称量生活中常见物体的质量。

三、学习准备

教师准备：准备教学PPT、生活中常见的测量质量的工具、学生实验装置等，下载杆秤发展历史的视频。

学生准备：准备筷子(或木棍)、铁丝钩、铁块、绳子等，搜集资料，了解杆秤的发展史。

四、探究与实践

(一)情境与问题

教师让学生说一说生活中常见的测量质量的工具。

教师播放视频，展示杆秤的发展历史。

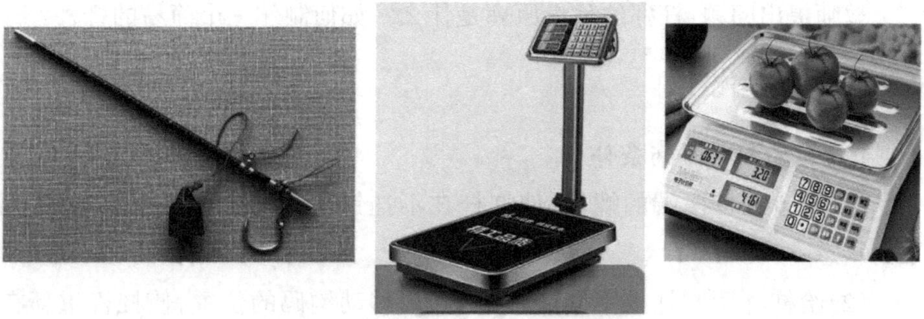

图 6.10 生活中常见的测量质量的工具

学生尝试使用杆秤测量物体的质量，认识杆秤的结构，建立杠杆模型。如果在力的作用下，硬棒能绕着固定的点转动，这根硬棒就是杠杆。杠杆在力的作用下，保持匀速运动状态或静止状态就是杠杆的平衡状态，杆秤就是利用杠杆的平衡状态来工作的。探究过程如图 6.11 所示。

(a)学生尝试使用杆秤称量物体的质量

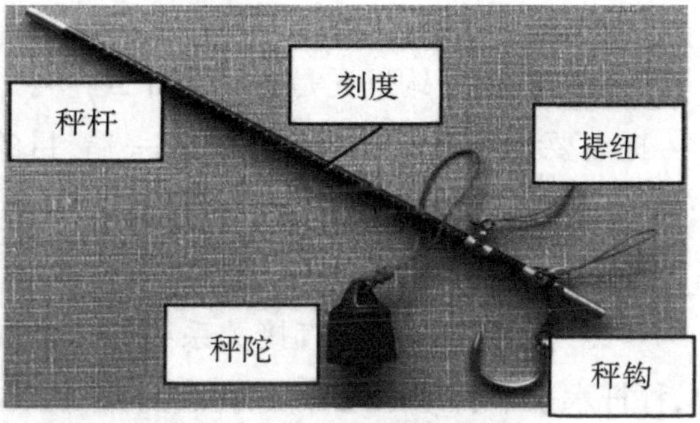

(b)学生认识杆秤的结构

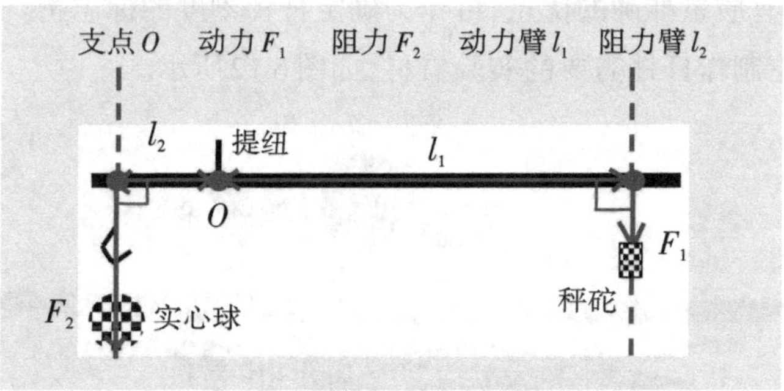

(c)建立杠杆模型

图 6.11 杠杆模型的建构过程

教师提出问题:杆秤的称量原理是什么?如何制作一个简易的杆秤?

(二)规划与设计

1.探究杠杆的平衡条件

(1)调节杠杆两端的螺母,使杠杆在不挂钩码时保持水平并静止,达到平衡状态。

(2)给杠杆两侧挂上不同数量的钩码,移动钩码的位置,使杠杆重新在水平位置平衡。

(3)改变动力 F_1 和动力臂 l_1 的大小,相应调节阻力 F_2 和阻力臂 l_2,做几次实验,并记录实验数据。

(4)分析实验数据,尝试总结杠杆平衡时动力、动力臂、阻力、阻力臂间的定量关系。

2.设计制作简易杆秤

(1)讨论设计制作杆秤的步骤。

①提纽距离秤钩近还是远?为什么?

提纽要处于秤杆上靠近秤钩的一端,目的是在秤杆上预留充分的长度来刻下刻度,尽可能地扩大量程。

②如何确定零刻度线(定盘星)?

零刻线至关重要,它直接关系到杆秤的准确程度。零刻线是指不挂重物,秤杆水平平衡时秤砣所在的位置。

③如何确定其他的刻度(秤星)?

砝码具有质量准确的优点,可作为确定杆秤刻度的标志物。

(2)讨论制作杆秤需要的实验器材,如图6.12所示。

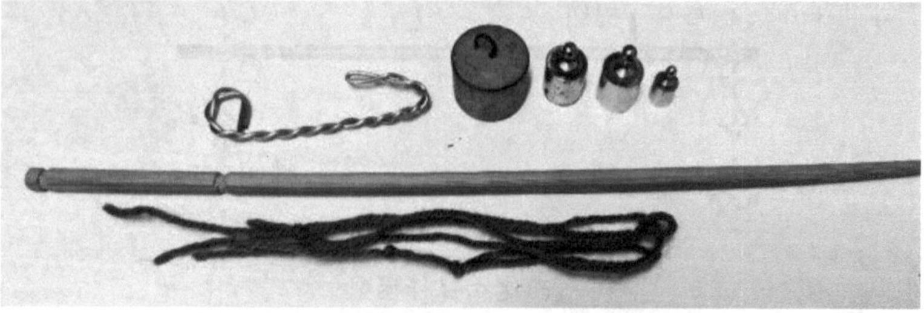

图6.12 制作杆秤的实验器材

筷子(或木棍):制作秤杆。

铁丝钩:制作秤钩。

铁块:制作秤砣。

砝码:充当标志物,用来准确地确定刻度。

绳子:细绳子用来拴秤砣,粗绳子用来制作提纽。

(三)探索与实践

1.制作提纽和秤钩

选择筷子或其他细长木棒,拴上提纽和秤钩,提纽处于秤杆上靠近秤钩的一端。

2.确定零刻度(定盘星)

秤杆不挂重物时,调节秤砣位置,使秤杆在水平位置平衡,用记号笔记下秤砣位置。在这个位置,秤钩处所受向下的拉力为零,即物体的质量为零。这个位置就是杆秤的零刻度,即定盘星。

3.确定其他刻度

将50 g的钩码挂在秤钩上,移动秤砣,使秤杆在水平位置平衡,记下此时秤砣的位置为“50 g”。用同样的方法,确定“100 g”“200 g”等的位置。

4.利用制作的杆秤测量文具盒、钥匙串等生活用品的质量

图6.13 利用自制杆秤进行称量

(四)物理学与跨学科原理解释

本研究主题涉及的物理学及跨学科知识有:

物理学:杠杆的平衡条件。

历史学:杆秤的发展史。

数学:杆秤刻度的确定。

文学:关于杆秤的诗歌、典故、名人故事等。

(五)测试与优化

1. 在使用过程中发现杆秤的分度值太大,不够精细。经过讨论,采用长度平均分的方法,确定更小的分度值。如在“0”和“50 g”的位置间等分5份,每1份就是10 g。

2. 在使用过程中发现秤钩在称量一些物体时不太方便。经过讨论,利用塑料盘、茶叶盒盖等生活用品制作秤盘,组装到杆秤的秤钩位置上。此优化方案需要重新确定杆秤的刻度。

五、多维评价

表6.4 创新素养评价表

创新素养要素	评价纬度	评价内容	自评	互评	师评	改进
创新人格	价值体认践行	具有好奇的人格特征,乐于探索杆秤中蕴含的物理学原理				
		具有优选的人格特征,能在活动中选择解决问题的最优方案				
		具有开放的人格特征,渴望了解杆秤的称重原理,乐于制作杆秤				
		具有独立的人格特征,能在探究实验和动手制作过程中独立思考,发表自己独到的见解				
		具有坚持的人格特征,能在学习活动中专注认真,不怕挫折,持之以恒,保持高度的毅力和耐力				
		具有自信的人格特征,对完成学习任务充满信心,进取心强				
创新思维	问题解决表现	能发现杆秤、瓶启子、撬棒等工具工作时的共同特征,概括提炼出杠杆模型				
		通过探究实验,能发现杠杆平衡时动力、动力臂、阻力、阻力臂之间的定量关系				
创新实践	物化成果呈现	根据杠杆的平衡条件,能设计制作简易杆秤,并能用自制杆秤称量生活中常见物体的质量				

对学生进行多维评价，教师可以更全面地了解学生在学习过程中的表现，从而更全面客观地评价学生的学习效果。同时，多维评价也能使学生更好地了解自己在学习过程中的表现，从而发现自己在某些方面的不足，并及时弥补。

案例四 个人低碳生活行为指南

一、选定主题

随着全球经济增长、现代化进程加快以及人口膨胀，温室气体的排放量不断增加，使得全球气候问题越来越严重，影响人类的生命健康。践行低碳生活，可以减少能源的使用，避免能源的过量消耗；践行低碳生活，可以减少温室气体的排放，有利于应对气候问题；践行低碳生活，可以减少对环境的污染和破坏，保护生态平衡，保护人类的生存环境；践行低碳生活，可以引起人们对环保的关注和重视，带动全社会保护环境，从而推动社会的可持续发展。

课程标准中明确提出，从能源开发与利用的角度体会可持续发展的重要性，关注科学技术对自然环境、人类生活和社会发展的影响，有保护环境、节约能源的意识。以“个人低碳生活行为指南”为主题开展跨学科实践学习，指导学生关注日常生活中的环境问题，在力所能及的范围内对环境保护、社会可持续发展作出贡献。

二、确定目标

1. 通过学习低碳生活相关知识，激发学生的环保意识和社会责任感，培养学生的好奇心、想象力等创新人格。

2. 在探索个人低碳生活行为方式的过程中，能从物理学及跨学科的视角提出解决问题的新思路和新方法，培养学生的创新思维能力。

3. 通过制作“个人低碳生活行为指南”展板、开展个人低碳生活报告会，在生活中尝试践行低碳生活方式，培养创新实践能力。

三、学习准备

1. 教师准备：根据教学目标，精选有关材料和资源，包括教学PPT、低碳生活案例、多媒体资料等，以便展示并引导学生了解低碳生活。

2. 学生准备：搜集日常生活中能量转移和能量转化的实例；搜集日常生活中能量消耗产生环境问题的实例。

四、探究与实践

（一）情境与问题

教师出示当地天气预报的截图，提醒学生除关注温度和阴晴外，还要关注“主要污染物”这个参数，它表征空气质量的好坏。教师引导学生讨论：生活中的哪些行为会影响空气质量，由此引出研究的主题——低碳生活。

学生讨论什么是低碳生活。低碳生活是指通过减少对自然资源的消耗，减少对生态环境的负担，减少对人类健康的危害，实现可持续发展的生活方式。教师引导学生进行低碳生活科普视频的学习。为普及气候变化知识，宣传低碳发展理念和政策，鼓励公众参与，推动落实控制温室气体排放任务，2012年9月19日举行的国务院常务会议上决定设立“全国低碳日”。自2013年起，将全国节能宣传周的第三天定为“全国低碳日”。教师布置任务：在今年的“全国低碳日”，学校将举办“个人低碳生活”海报展，请同学们进行充分的准备。

（二）规划与设计

1. 明确主题

确定海报展的主题是“个人低碳生活”，对个人节能环保行为提出具体要求和建议，践行“保护环境、人人有责”的理念。

2. 明确目标

明确举办海报展的目标是介绍低碳生活的概念、原则、意义和实施方法等，以此引导人们关注环境污染，激发环保意识，践行低碳生活方式。

3. 确定内容

在明确了主题和目标后，规划展示的内容，如节能减排、绿色出行、低碳消费、合理膳食、生态建造、环保生活等，将这些内容在海报上形象化呈现。

4. 设计布局

采用自己喜欢的方式，选择适合主题和内容的布局形式，如标题、图表、文案等，布局要精简、明确、美观。

(1)选择工具：根据个人熟悉程度和作品要求，选择合适的工具，如手绘、海报设计软件或者是照片编辑软件。

(2)选取素材：结合自己的生活实际，采用手机或者专业相机进行拍摄，主要从环境污染的危害以及如何实现个人低碳生活两个角度展开。

(3)设计风格：选择符合主题、具有艺术感的设计风格，可以在作品中添加有趣的元素。

(4)内容优化：将编写好的文案嵌入作品中，要注意排版和字体的选择，尽量减少文字量，简洁直观地呈现内容。

(5)整合审稿：完成设计后，整合所有内容，认真校对和审阅，确定无误后打印海报。

(三)探索与实践

1. 调查

(1)前期调研。通过查阅资料认识到低碳是指较低的温室气体排放，低碳生活是一种低能量、低消耗的生活方式。例如，少开私家车，多坐公交车、骑自行车或以步代行等。学生通过前期调研，了解环境污染的现状，通过网络学习和教师指导，了解低碳生活的概念和相关知识，明确低碳生活的重要性和意义。

(2)实地调研。学生走进自然，用眼睛观察，用相机拍摄，展示收集到的图片，蓝天、白云、青山、绿水，到处都是鸟语花香，人类和众多动物过着快乐的生活，地球是我们赖以生存的家园。同时，学生发现众多高污高排的场景，如工厂排出滚滚浓烟，河道漂浮着各种垃圾，工业排污导致大量鱼群死亡，人类过度开发导致森林锐减、土地沙漠化，等等。

2.分析

不合理地开发和利用自然资源造成生态破坏、环境污染,危害人类生命健康。

3.建议

关于低碳生活,提出如下建议:

(1)节约用纸。少用纸巾,节约用纸,每张纸双面打印,保护森林。

(2)节约用电。随手关灯,减少家电待机时间,减少电梯的使用。

(3)减少排放。优先选择公共交通工具、步行或自行车出行。减少私家车出行,节约能源,降低排放。

(4)避免使用一次性物品。避免使用一次性牙刷、一次性塑料袋、一次性水杯、一次性筷子等一次性物品,使用可循环使用的物品。

(5)节约用水。在生活中节约用水,尝试废水的循环利用,如可以用洗菜水拖地、冲马桶、浇花等。

(6)践行垃圾分类。垃圾分类能够更好地回收资源,减少对环境的危害。

(7)废物再利用。在学校和家庭中,尝试废物再利用,如塑料瓶循环使用、餐厨垃圾制作有机肥等,减少对环境的污染和对资源的浪费。

4.制作海报

探索适合自身的低碳生活方式,如乘坐公共交通工具出行、错峰用电、合理膳食、环保购物等。完成调查表,如表6.5所示,用照片和文字将实地调研素材记录下来。

表6.5 低碳生活方式调查

低碳生活方式	节能减排	绿色出行	低碳消费	合理膳食	环保生活	生态建造	……
举例							

撰写个人低碳生活行为指南文案,包括低碳生活的定义和意义、低碳生活方式指南、具体实例等,将文案结合照片合并到海报中,以便观众更好地理解主题。

使用电脑软件中的设计工具，将收集到的素材进行整体规划，制作海报。选用清晰明了的排版、合理的字体、恰当的配色方案，力求增强海报的视觉冲击力，达到最优的宣传效果。

5.海报宣传

海报制作完成后进行宣传是非常重要的一步。可以将海报制作成展板，放置在学校、市民广场等的显著位置，还可以将海报电子版发布到社交媒体平台、个人博客、公众号等。

（四）物理学与跨学科原理解释

学生举办“个人低碳生活”海报展，涉及的物理学与跨学科知识如下：

能源与可持续发展：个人低碳生活中，节能减排是重要措施，其中涉及能源的转换和利用。例如，采用太阳能和风能发电，减少对化石燃料的依赖，这就涉及太阳能、风能等的转换原理。

热学原理：在个人低碳生活中，降低能源消耗是重要的节能减排措施。针对一定区域内能量的改变和输送，需要考虑其热学原理。例如，合理使用空调，尽可能利用遮阴装置和自然风，降低空调的功率，减少能源消耗。

环保科技：环保科技的发展能够助力低碳生活的发展。例如：LED节能灯具有功率低、光强大的特点，能够减少照明能耗；新能源汽车利用电能工作，能够减少尾气排放。这些都是环保科技的应用。

社会经济和文化：个人低碳生活需要考虑社会经济、文化等因素，需要改变人们的传统观念和生活习惯。例如：加强宣传教育，提高市民的环保意识，推广环保购物袋；倡导人们少食用过度烹饪的食物，提倡健康绿色生活方式。

环境保护：低碳生活与环境保护紧密相连。例如，实行垃圾分类、垃圾处理等，需要加强环境管理和监督。

（五）测试与优化

“个人低碳生活”的海报制作要经历学习、调研、制作、宣传推广等过程，需要不断探索、尝试与优化。学生通过自主完成学习任务，了解低碳生活，形成低碳生活观念，践行低碳生活方式。

五、多维评价

表6.6 创新素养评价表

创新素养要素	评价纬度	评价内容	自评	互评	师评	改进
创新人格	价值体认践行	具有好奇的人格特征，乐于探索人类的生活和生产活动对自然环境的影响				
		具有开放的人格特征，愿意探索“低碳生活”这一认知领域				
		具有挑战的人格特征，勇于接受学习挑战，在学习活动中能专注认真，不怕挫折，持之以恒，保持高度的毅力和耐力				
		具有独立的人格特征，能在学习过程中独立思考，发表自己独到的见解				
		具有自信的人格特征，对完成自己的学习任务充满信心，进取心强				
创新思维	问题解决表现	通过自主学习，认识低碳生活，并能说出生活中可采用的低碳生活方式				
		能在生活中自主践行低碳生活				
创新实践	物化成果呈现	制作“个人低碳生活”海报展板，采用计算机软件对展板进行优化设计，从衣、食、住、行等方面提出若干个人低碳生活的方式。				
		使用多种方式，如展板、广播、视频等，向观众展示低碳生活的理念；设置互动环节，增强观众的参与感，提高他们对低碳生活的重视程度				

对学生进行多维评价，教师可以更全面地了解学生在学习过程中的表现，从而更全面客观地评价学生的学习效果。同时，多维评价也能使学生更好地了解自己在学习过程中的表现，从而发现自己在某些方面的不足，并及时弥补。

案例五 再现中国古代龙骨水车

一、选定主题

关于物理学与工程实践跨学科学习,课程标准提出:“了解我国古代的技术应用案例,体会我国古代科技对人类文明发展的促进作用。”这条要求有两层含义:一是通过实例认识我国古代的技术在工农业生产生活中的应用情况;二是感受技术作为第一生产力,在人类历史中对社会、科技、人文发展的巨大推动作用,促使学生建立将物理学习与技术应用相融合的意识,培养工程实践能力。

中华民族有着辉煌的科技创造历史,为世界文明发展做出了重要贡献。选取一些历史悠久、实用性强、产生过巨大效益的科技实例进行跨学科实践教学,可以激发学生对于科技创新的兴趣,有助于他们理解工程技术对社会发展的促进作用。龙骨水车是我国古代技术应用的典型案例,最早诞生于东汉时期,历经多次革新,一直到新中国建立初期还在农业生产中广泛应用,直到抽水机普及才逐渐退出历史舞台。龙骨水车是中国古代劳动人民勤劳智慧的结晶,通过“再现中国古代龙骨水车”跨学科实践学习,能够培养学生的爱国情操、创新思维以及工程实践能力。

二、确定目标

1. 通过视频、文献等资料认识龙骨水车,激发学生的好奇心和想象力。在设计制作龙骨水车的过程中,形成敢想、敢做的创新人格特质。

2. 根据视频、文献资料认识龙骨水车的构造和工作原理,能设计出简易的龙骨水车模型。能对龙骨水车的原理进行创新应用,培养创新思维。

3. 通过制作龙骨水车和创新应用龙骨水车,能够培养学生将知识与工程技术相结合的创新实践能力。

三、学习准备

教师准备:薄木板、螺丝刀、剪刀、龙骨水车多媒体资源、图书资源。

学生准备：龙骨水车相关资料。

四、探究与实践

（一）情境与问题

教师朗诵南宋陆游的古诗《春晚即事》："龙骨车鸣水入塘，雨来犹可望丰穰。"观看博物馆仿制的1∶1的实物模型照片。引入问题：龙骨水车的作用是什么？你能设计制作龙骨水车吗？

（二）规划与设计

1.认识龙骨水车

教师提供有关龙骨水车的视频与图书资源，学生自主学习并进行展示。展示内容包括龙骨水车的起源与演变、龙骨水车的构造、龙骨水车的工作原理等。

（1）龙骨水车的起源与演变

中国有着悠久的农耕历史，在相当长的一段时间内，农业直接影响社会发展，而灌溉又直接影响农业发展。在这样的背景下，各种类型的灌溉工具应运而生，其中龙骨水车就是应用最广泛、应用时间最长的农业灌溉工具之一。

龙骨水车又称翻车，是一种低扬程、链传动、刮板式提水车。《后汉书·张让传》中记载，公元186年，朝廷宦官毕岚最早制作翻车，用于官道洒水。三国时期的马钧对东汉的翻车进行了改进，制作出用于灌溉的翻车。至宋代，为了发展江南稻区的农业生产，翻车得以广泛应用，并且因其刮板状似龙骨，民间称其为"龙骨水车"。南宋陆游《春晚即事》中的"龙骨车鸣水入塘，雨来犹可望丰穰"就是这一称谓的最早记载。由此可见，龙骨水车始于东汉，改进于三国，在唐宋时成型并大规模使用，一直延续至20世纪我国偏远地区仍在使用。龙骨水车的驱动方式经历了手转、足踏、畜转、水转、风转等多种变革，用途由提水灌溉拓展到排水防涝、制盐等领域，是我国农业发展史上十分重要的劳动工具。

（2）龙骨水车的构造

古代文献中关于龙骨水车的记载众多，但关于龙骨水车传动系统的详细结构却鲜有描述。龙骨水车流传至今,其基本结构并无很大变化,不论是哪种外力驱动的龙骨水车,其主要构造都是由两个链轮和传动链条组成传动系统,不同之处在于外力驱动部分有手转、足踏、畜转、水转、风转之分。链轮和传动链条安装在木槽内,槽的一端入水,装有小链轮,另一端装有大链轮,固定于堤岸的木架上。上下两个链轮靠木质链条(龙骨)环绕一周,龙骨上装有板叶作为刮水板。

(3)龙骨水车的工作原理

构造决定功能。龙骨水车就是通过链轮间龙骨的传动,利用外力驱动木质链条在大小链轮间循环运转,带动木质链条上的刮板不断将水刮入槽内,顺着水槽提升河水,用以灌溉农田。

2.设计龙骨水车

小组讨论,设计龙骨水车模型,画出简单的图纸,讨论所需要的原材料。

(1)设计大小链轮

链轮可以用较厚的密度板制作,在密度板上画出两个同心圆并切割,中间的圆饼开有小孔作为小链轮,外圈的大环作为大链轮,如图6.14所示。

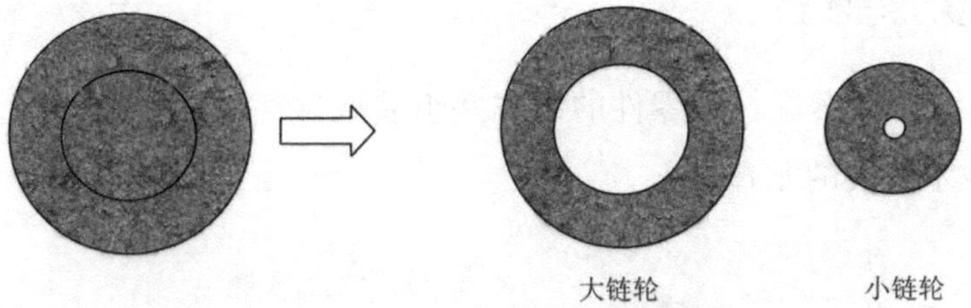

图6.14 龙骨水车的大小链轮设计

(2)设计木链条

选用大小相同的长方形竹片,竹片的立面开有双孔(可拆卸废旧的凉席),将竹片用双股棉线串起来,即可成为木链条,如图6.15所示。

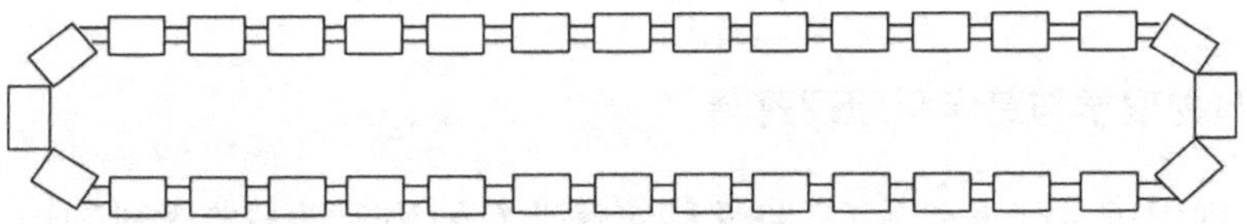

图6.15 龙骨水车链条设计

（3）设计刮板

利用塑料片或薄木板制作“凸”字形刮板。将刮板一片片粘到木链条竹片间的缝隙中，即可成为龙骨。

（4）设计车槽

车槽的作用是让水流聚拢，可以用薄木板制作，形状如图6.16所示。

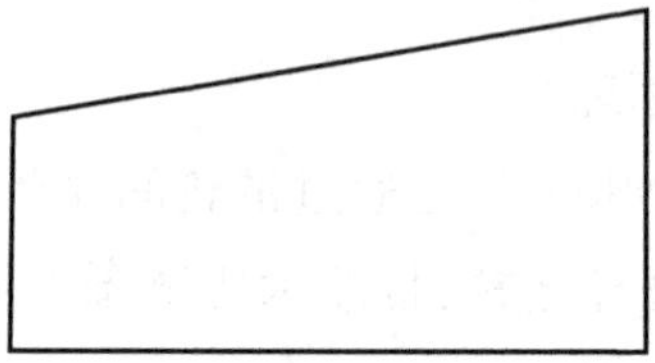

图6.16 龙骨水车车槽设计

（5）设计车架

车架的作用是组装龙骨、链轮，使其成为一个整体。可先利用筷子、木板制作两个高低不同的U形支架，然后将其连接为一个整体。高端用来安装大链轮，低端用来安装小链轮。

（三）探究与实践

根据设计方案进行各零件的制作并组装调试。如图6.17所示，是利用3D打印技术组装的龙骨水车。

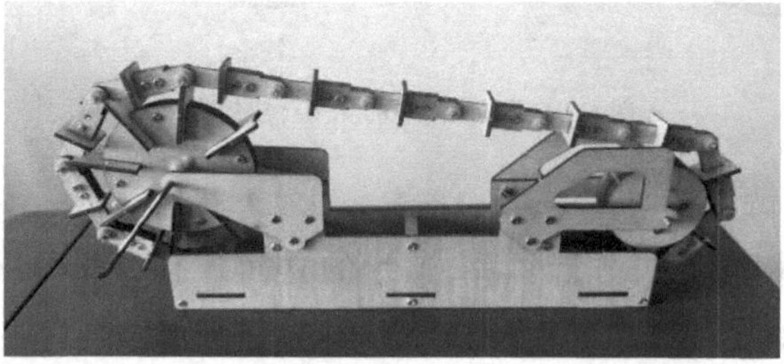

图6.17 利用3D打印技术组装的龙骨水车

（四）物理学与跨学科原理解释

“再现中国古代龙骨水车”跨学科实践涉及的物理学与跨学科知识有：

物理学：链轮传动原理。

历史学:龙骨水车的发展历史。

工程学:图纸设计、模型组装。

(五)测试与优化

学生对制作的龙骨水车进行下水实测,主要测试其是否能正常运行,是否有提水功效,并改进。

改进1:增加大链轮上手柄的长度,更易于提水。

改进2:在大小链轮的轮缘上开槽,与龙骨凹凸匹配,可以使水车更易使用。

五、多维评价

对学生进行多维评价,教师可以更全面地了解学生在学习过程中的表现,从而更全面客观地评价学生的学习效果。同时,多维评价也能使学生更好地了解自己在学习过程中的表现,从而发现自己在某些方面的不足,并及时弥补。

表6.7 创新素养评价表

创新素养要素	评价纬度	评价内容	自评	互评	师评	改进
创新人格	价值体认践行	具有好奇的人格特征,对我国古代的技术应用具有浓厚兴趣,乐于尝试、积极探索				
		具有开放的人格特征,乐于接受认知以外的新事物,不断拓展视野				
		具有冒险的人格特征,敢于探索未知领域,能够承受学习过程中的不确定性				
		具有挑战的人格特征,敢于面对学习过程中的各种挑战,不怕困难,持之以恒				
		具有独立的人格特征,能在活动中独立思考,敢于尝试设计新方案、使用新工具,积极说出自己独到的见解				
		具有自信的人格特征,对自己的创新实践充满信心,敢于展示和表达				

续表:

创新素养要素	评价纬度	评价内容	自评	互评	师评	改进
创新思维	问题解决表现	能从古诗中发现与龙骨水车相关的问题线索,并乐于探索研究				
		能通过自主学习,收集龙骨水车的相关信息;能设计出简单的制作方案草图				
创新实践	物化成果呈现	制作"认识龙骨水车"手抄报,内容包括龙骨水车的起源与演变、龙骨水车的基本构造、龙骨水车的工作原理等				
		制作龙骨水车模型,并尝试使用				

案例六 自制风力发电机

一、选定主题

科学技术的发展离不开物理学和工程实践的紧密结合。物理学为工程实践的发展提供了理论基础,工程实践是物理学得以应用的保障。电磁学是物理学的一个重要组成部分,在现代社会生活、科技生产领域发挥着重要的作用。课程标准对有关电磁学的教学内容要求具体而丰富,并且所有的概念和规律都是通过实验得出的,注重学生的体验和感悟,注重知识的实际应用。现代生活中,发电机、电动机的发明制作就是以电磁学为基础的。物理学与工程实践的结合推动了能源和动力的革命,促进了人类社会的发展与进步。

选择"自制风力发电机"作为初中物理跨学科实践学习主题,具有丰富的育人价值。首先,学生通过跨学科实践学习,能够应用物理学、地理学等跨学科知识去分析和解决现实问题;能够应用风能与电能转换的原理,画出电路图,并能够设计和制作风力发电机。其次,学生通过参与制作过程,能够提高工程实践技能,如切割、钻洞、焊接等;能够让学生更加深入地了解物理学科的本质特征,提高动手实践能力。再次,通过小组合作的学习方式,能够在实践过程培养学生的团队合作能力和社交能力,让学生学会倾听和交流，培养良好的沟通和协作技能。最后，学生通过制作风力发电机的跨学科实践，能够树立节能减排的理念，形成环保和可持续发展的科学世界观。

二、确定目标

1.研究手摇发电机实验，激发学生的好奇心和想象力。在风力发电机的设计和制作过程中形成敢想、敢做的创新人格特质。

2.会应用物理、化学、数学、地理等学科知识来设计和制作风力发电机，掌握风力发电机的工作原理，能说出制作风力发电机的方法和步骤等。经历问题解决、方案设计、模型制作、成果优化的学习过程，积极自主探索和创新，在解决现实问题的过程中培养创新思维能力。

3.通过设计和制作风力发电机，学习工程实践的基本技能，提高实操能力，为将来的职业发展打下坚实的基础。同时，深入了解环境保护知识，积极探索开发更多环保型能源，培养创新实践能力。

三、学习准备

“自制风力发电机”属于物理学与工程实践跨学科学习主题，具有跨学科知识维度广、团队合作困难多、实践操作难度大等特点。为了达到最佳的学习效果，需要做好充足学习准备。

1.学生准备

(1)前置知识准备。跨学科实践涉及多个学科领域，需要学生具有一定的前置知识基础。“自制风力发电机”与物理、地理、数学、工程学等学科密切相关，学生在课前可以通过阅读相关书籍、文献或者参与线上学科交流等方式进行前置知识的积累。

(2)熟悉相关技术和工具。跨学科实践具有显著的实践性，需要使用专业的技术和工具，而这些恰好是学生的知识盲区。在本主题的学习过程中，涉及图纸绘制、发电机制作、风力发电系统的制作、整体机械设计和加工等，需要学生提前熟悉锯子、钳子、钻孔机等加工工具的使用方法，理解电路原理、元器件的特性和工作模式，并具备简单的电路设计和调试能力。

(3)当地风力资源调查研究。通过公共服务平台调查本地一年12个月的平均风速，对当地风力特点进行分析。同时，对当地风力资源的使用情况进行调查，从而对当地风力资源的使用前景作出判断，如表6.8所示。

表6.8 当地风力资源使用情况调查分析表

<table>
<tr><td>本地地理位置</td><td>气候类型</td><td>月份</td><td>平均风速/(m/s)</td></tr>
<tr><td rowspan="12"></td><td rowspan="12"></td><td>1月</td><td></td></tr>
<tr><td>2月</td><td></td></tr>
<tr><td>3月</td><td></td></tr>
<tr><td>4月</td><td></td></tr>
<tr><td>5月</td><td></td></tr>
<tr><td>6月</td><td></td></tr>
<tr><td>7月</td><td></td></tr>
<tr><td>8月</td><td></td></tr>
<tr><td>9月</td><td></td></tr>
<tr><td>10月</td><td></td></tr>
<tr><td>11月</td><td></td></tr>
<tr><td>12月</td><td></td></tr>
<tr><td>当地风力特点分析</td><td colspan="3"></td></tr>
<tr><td>当地风力使用情况调查</td><td colspan="3"></td></tr>
<tr><td>当地风力使用前景分析</td><td colspan="3"></td></tr>
</table>

2.教师准备

(1)教具准备。准备授课PPT、风速计、漆包线、磁体、换向器(铜半环)、导线、废旧扇叶、二极管灯、胶枪、焊枪等。

(2)工程技能准备。教师需要提前熟练相关工程技能，以便及时帮助学生。如发电机的制作、风力发电系统的制作、仪器的整体安装等，准备为学习困难的学生提供帮助。

四、探究与实践

(一)情境与问题

展示手摇发电机模型，如图6.18所示，学生进行分组探索。

图 6.18 手摇发电机模型

1.观察手摇发电机的构造

仔细观察手摇发电机的构造,讨论其由哪些部分组成,各部分的作用是什么。

2.思考手摇发电机的工作原理

构造决定功能。由手摇发电机的构造阐述其发电的工作原理。

3.观察小灯泡亮度的变化

改变手柄摇动的转速,观察小灯泡的亮度和转速有什么关系。取下小灯泡,把两个发光二极管并联,再与发电机串联起来。转动摇把,观察二极管的发光情况。这个现象说明什么问题?

4.学习发电机的动力驱动形式

寻找一种节约能源的发电机动力驱动形式。

教师展示使用太阳能、热能、风能、水力等不同能源驱动的发电机,阐述其对社会发展的重要作用,帮助学生了解发电机在不同领域的使用方式。其中,风能是一种清洁的可再生能源,利用风能发电可以减少对传统化石能源的依赖,降低环境污染。风力发电机是怎样将风能转化为电能的呢?围绕这一问题,提出"自制风力发电机"跨学科实践学习主题:制作一台风力发电机模型,为LED小灯泡供电。

从物理学、工程实践与社会发展的联系来看,节能环保是实现人类可持续发展的必由之路,已经上升为我国的国家战略。在青少年的教育中,灌输爱护环境、节约能源的理念,有利于培养学生热爱自然、保护环境的社会责任感。利用风能是简便有效的节能途径，将风能与发电机相联系，确定“自制风力发电机”跨学科实践学习主题。

从学生的学情考虑，学生已具备初步的电学基础以及能量转换的思想，对风能的利用也有初步的了解，对风力发电表现出浓厚的兴趣。但学生对于风力发电机的原理和操作还不了解，“自制风力发电机”跨学科实践学习将激发学生的探索欲望，促进学生创新素养的提升。

从跨学科的角度分析，风力发电机叶片的转动涉及物理学中的流体压强原理，发电机涉及物理学中的电磁感应原理，本区域风能资源的特点涉及地理学中的中国气候特征知识，风力发电机的使用对环境的影响涉及生物学知识，风力发电机对社会发展的意义涉及社会经济学知识，等等。由此可见，制作风力发电机模型的实践过程，为学生提供了跨学科解决现实问题的机会。

（二）规划与设计

1.风叶的设计

小组合作，利用教师和学生课前准备的相关资料，阐述风吹扇叶转动的原理，以及风力发电机风能转换为电能的过程。

学生在阐述风吹扇叶转动原理的过程中，能够深刻体会物理学中流体压强与流速关系。在解释风力发电机风能转换为电能的过程中，能够灵活运用物理学中的能量转换、电磁感应原理，将其应用到生活实际中，体现从“从生活走向物理，从物理走向社会”的课程理念。

风叶的设计要依据物理学中流体力学的原理以及力的合成原理。如图6.19所示，是风叶的侧视图，风叶整体呈现下平上凸的形状。

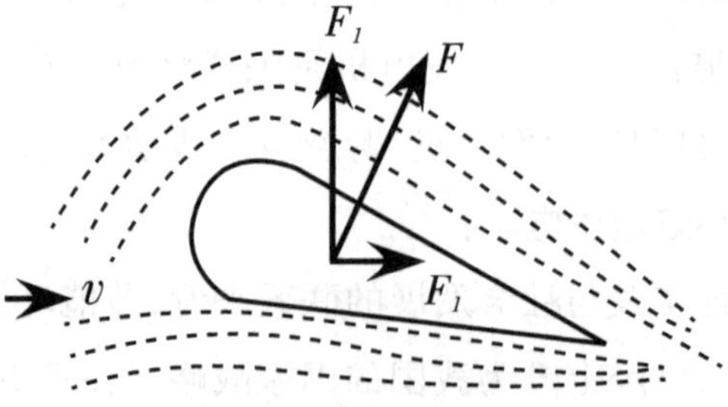

图6.19 风力发电机叶片动力学原理

风力发电机的风轮是转动的部件，可以通过手动绘制或使用CAD软件设计出合适的风轮形状、尺寸和叶片数量。叶片数量通常为3片，因为这是最有效的配置方式，材料可以选择硬纸板、塑料板等。实际制作时，也可直接采用小风扇上的扇叶零件。

2.发电机的设计

发电机的原理是电磁感应，如图6.20所示，闭合电路的一部分导体在磁场中做切割磁感线的运动，在电路中就会产生感应电流。为形成持续的电流，电路中需要安装换向器。

自制发电机需要用到的材料有U形磁铁、铜漆包线、铜半环等。在使用条件改变时，电动机可以转换为发电机使用。本次实践活动可以选择玩具车拆卸下的电动机，如图6.21所示。

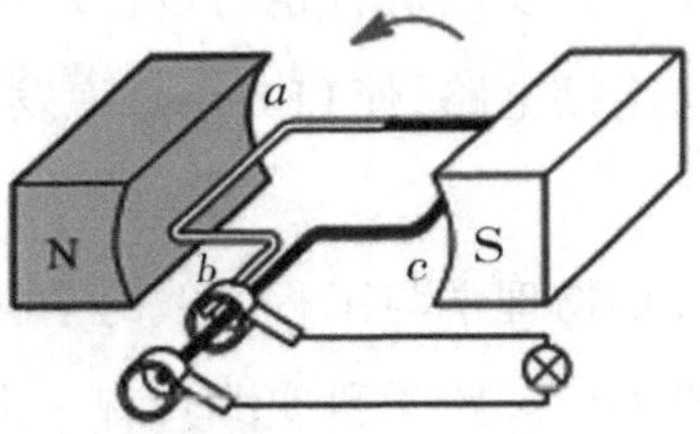

图6.20 交流发电机工作原理图

图6.21 电动机实物图

在风叶的设计环节，学生对风力发电机扇叶转动的原理已有所了解，同时结合飞机机翼的迁移学习，将扇叶设计成翼形叶片。当有风吹过时，扇叶上下面空气流速不同，扇叶上端空气流速大、压强小，扇叶下端空气流速小、压强大，从而产生压力差、使扇叶转动。此学习过程是对“流体压强与流速关系”知识的具体应用。同时，在将风能转化为机械能的过程中，学生将真切体会到风能节能环保的优势。

在发电机的设计环节，学生对发电机的构造有了深刻的认识，并且知道了发电机的工作原理是电磁感应。在此基础上进行发电机模型设计，符合学生的认知基础。但实际发电机的构造过于复杂，对于初中学生将“原理模型”转化成“实物模型”具有一定的难度，可以采用分层教学的方式。学生可以直接使用成品发电机，学有余力的学生也可以探索设计发电机，让每个学生都能基于最近发展区得到发展。

3.电路设计

画出扇叶、发电机与LED小灯泡的连接电路，并思考怎样提高电路的发电效率。

电路设计是连接扇叶、发电机与LED小灯泡的关键环节，是实现风能转换为电能的重要步骤。本环节是物理学中“电流与电路”知识的具体应用，学生将创造性地解决现实生活中的真实问题。在设计过程中，学生将面临扇叶发电功率不足以让LED小灯泡发光的问题，于是讨论提出可用并联多个风力发电机的方式来提高发电效率。

（三）探索与实践

学生小组合作，按照设计方案制作扇叶和发电机，（也可以使用成品扇叶和发电机），按照设计的电路进行组装，连接电路，使LED小灯泡发光，如图6.24所示。

将设计图纸转换成实物并进行应用，是物理学与工程实践跨学科实践学习的目标，是提高学生实践能力的重要手段。跨学科实践具有一定的难度，涉及多种工程学知识的应用和工具的使用。首先，制作叶片时学生要考虑如何利用纸板将扇叶做成翼形，学生受儿时玩风车的启发可以顺利完成；然后，发电机的制作需要考虑如何制作线圈、铜环、电刷，并将它们连接起来，放入磁场发电；最后，还要将扇叶、发电机、LED小灯泡进行组装，使整个装置实用、美观。通过以上制作过程，能够培养学生的交流合作能力，初步形成创新能力和工程实践操作能力。

（四）物理学与跨学科原理解释

学生对制作的风力发电机进行展示，从气候特征、环境保护、能源发展、能量转换、电磁感应、工程制作等跨学科角度对风力发电机的工作原理和应用价值进行阐释。

通过展示模型，呈现完整的作品，学生直观地看到风能转换为电能，点

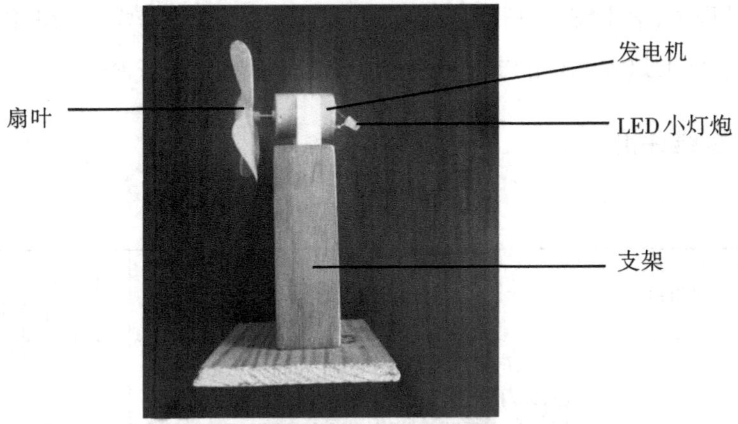

图6.22 学生制作的风力发电机模型

亮LED小灯泡，深刻体会到物理学与工程实践的实用意义，增强了学生的成就感和自信心。同时，学生通过实践能够深刻理解可再生资源的优势和发展前景，树立节能环保意识，激发探索开发新能源的欲望。通过跨学科实践，不仅能够帮助学生巩固多学科的知识和技能，还能帮助学生培养从多学科角度综合分析和解决问题的能力。

（五）测试与优化

学生利用吹风机模拟自然风，对制作的风力发电机进行测试，发现使用过程中存在的问题并提出解决的方案。典型问题举例如表6.9所示。

表6.9 风力发电机测试问题及优化

出现的问题	可能原因	优化方案	优化效果
不论风速多大，LED小灯泡都不亮	电路连接不当	检查电路	解决
	风力发电功率太小	并联多个风力发电机为LED小灯泡供电	解决
风吹时支架晃动、歪倒	支架重心过高	增加底座配重，降低重心	解决

通过测试与优化，可以不断提高风力发电机的性能，从而得到更高的风能利用效率，增加模型的可靠性和稳定性。同时，在测试优化环节，学生需要对模型进行改进，寻找最优方案，在质疑创新中，学生的创新思维能力得到提升。

在测试过程中,学生需要进行手工制作和实际测试,这是跨学科知识和技能的具体应用,能够培养学生的动手实践能力,提高学生的创新素养。

五、多维评价

表6.10 创新素养评价表

创新素养要素	评价纬度	评价内容	自评	互评	师评	改进
创新人格	价值体认践行	具有好奇的人格特征,对大自然充满好奇心,乐于想象、积极探索				
		具有优选的人格特征,能在活动中选择解决问题的最优方案				
		具有敢为的人格特征,能在活动中独立思考,敢于尝试,敢于挑战新事物,敢于说出自己独到的见解				
		具有坚持的人格特征,能在活动中专注认真,不怕困难,持之以恒				
创新思维	问题解决表现	能对生活中的能源现状发表自己的见解,提出可行的节能环保方案				
		能通过自主学习,说出风力发电机的工作原理				
		能对风力发电机的主要部件,如扇叶、发电机进行结构设计,能画出连接电路图				
		能发现任务中遇到的问题,敢于质疑并提出具有创新性的见解,提出解决方案				
创新实践	物化成果呈现	能利用跨学科的知识、方法和技能,制作出风力发电机模型,布局合理,外形美观,并能对风力发电机的应用前景进行分析阐述				

对学生进行多维评价,教师可以更全面地了解学生在学习过程中的表现,从而更全面客观地评价学生的学习效果。同时,多维评价也能使学生更好地了解自己在学习过程中的表现,从而发现自己在某些方面的不足,并及时弥补。

案例七 “绿色房子”的设计与制作

一、选定主题

在物理学科核心素养中，教师往往关注物理观念、科学思维、科学探究的培养，忽视了科学态度与责任对学生身心发展的重要作用。物理学以其独有的价值取向，对人类思想和价值观念产生了深远影响，是人类文明进步的重要推动力量。通过初中物理跨学科实践，可以把物理学科蕴含的科学本质观、科学态度与责任等隐性育人价值显性化。

节约能源与环境保护是物理学科核心素养中科学态度与责任的重要内容，与人们的生活和社会的发展息息相关。“绿色房子”的设计与制作围绕物理课程标准中的“能量”主题，将物理学与社会发展紧密相联。学生在跨学科实践学习中，将基于物理学中的能量、能量的转换和转移等知识，综合利用地理学、生物学、数学等学科知识和技能，制作节能环保的“绿色房子”，讨论合理利用可再生能源的途径和方法，树立节能环保的意识。

二、确定目标

1.通过跨学科实践学习，运用物理学中的能量转化与守恒原理以及能源与可持续发展的理念，阐述物理学与技术、社会、环境之间的关系，解释节能环保对社会发展的意义和价值，树立节能环保的理念，培养敢想、敢做的创新人格。

2.利用物理学与跨学科思维进行“绿色房子”的设计，形成创新思维。

3.利用多学科知识和技能进行“绿色房子”的制作，培养创新实践能力。

三、学习准备

教师准备：相关多媒体素材、房屋模型材料、锯条、环保黏合剂、多种保温材料等。

学生准备：水彩笔、剪刀。

四、探究与实践

(一)情境与问题

学生交流家用能源的来源,如煤气、电等,如图6.23所示。

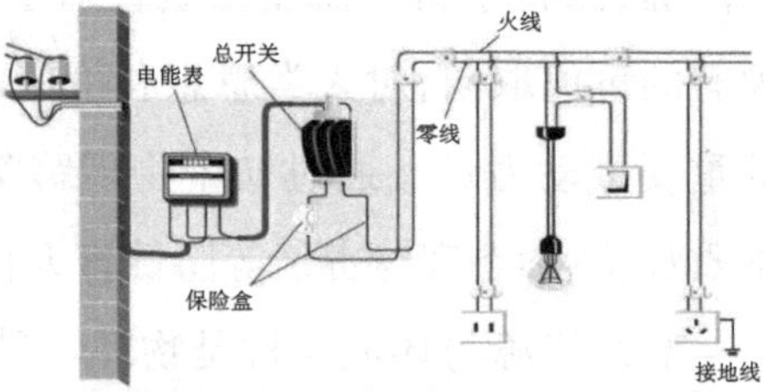

图6.23 家用能源的来源

教师播放煤气燃烧、常规电厂发电等造成的环境污染图片,如图6.24所示。

学生根据物理学中能量、能量的转化和转移等相关知识,讨论环境污染的解决方案,提出设计与制作节能环保的“绿色房子”的跨学科实践主题。

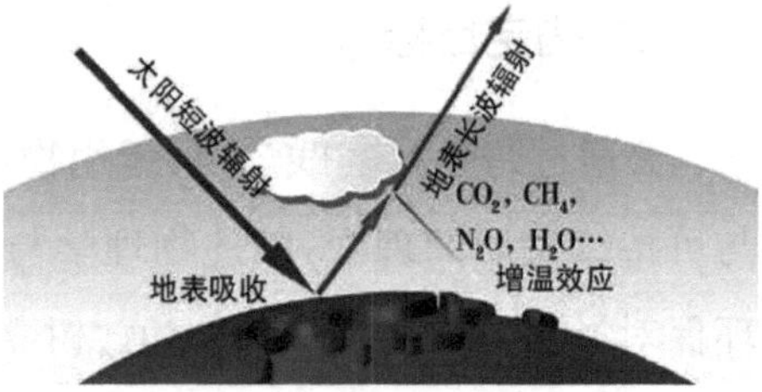

图6.24 大气污染和温室效应

初中学生对于能源利用有所了解,但认识不深刻。将身边的能源利用问题与环境污染联系起来,激发了学生节能环保的意识,使学生萌发节能从我做起的想法,提出设计与制作节能环保的“绿色房子”的跨学科实践主题。

(二)规划与设计

学生小组讨论,可从房屋保温(热、冷)、清洁能源、资源循环利用三个节能环保途径设计“绿色房子”。

1.房屋保温(热、冷)

探究不同材料的保温(热、冷)性能,选择隔热(冷)性能良好的建筑材料。

2.清洁能源

选择太阳能供热、供电,安装风力发电装置供电。太阳能和风能两种自然能源互补,能够为“绿色房子”提供能源。

3.资源循环利用

安装废水再利用装置,解决能源浪费问题,图6.25所示。

图6.25 绿色房子废水收集利用系统

学生已经具备能量转化的基础知识,对节能环保有了初步了解。通过对“绿色房子”的资源利用系统进行设计,能够引导学生灵活运用知识,对合理利用资源、开发新能源提出合理建议,激发学生的节能环保意识,正确认识人与自然、社会的关系,促进学生创新人格和创新思维的发展。

4.物理学与跨学科原理解释

学生对“绿色房子”的物理学与跨学科原理进行交流解释,疑难问题可通过查找资料、同学互助、教师指导来解决。

物理学:能量、能量的转换、材料的属性。

地理学:日照、季风。

数学:房屋模型设计、作图、计算。

工程技术:房屋模型的制作。

美术:房屋模型外观的美化。

学生在“绿色房子”的设计和制作过程中,将物理学与工程实践相联系,综合运用了多学科的知识、方法和技能。通过跨学科实践,可以帮助学生从多维度解释现象、解决现实问题,有助于学生提出创新解决方案。

(三)探索与实践

1.外墙保温(热、冷)材料的选择

选择市面上几种比较常见的保温材料,探究它们的保温性能。

在3个烧瓶中装入质量相等的水,加热到相同的温度后,分别用相同厚度的3种保温材料包好,放在相同的环境中自然冷却,每隔5 min记录一次水的温度。

表6.11 探究不同保温材料的保温性能

	t/min	0	5	10	15	20	25	30
第一种保温材料(硅酸铝保温材料)	T_1/℃							
第二种保温材料(酚醛泡沫材料)	T_2/℃							
第三种保温材料(玻璃棉)	T_3/℃							

30 min后,比较三种材料的末温,末温高的保温效果好。

如果选择保温性能更好的材料,将取得更好的保温效果。

2.选配太阳能参数

根据热学公式$Q_{吸}=cm(t-t_0)$计算家庭每天的用水量,根据所需要的热水量及市面太阳能参数选配太阳能。制作“绿色房子”需要的太阳能模型并标注参数。

3.窗户设计及玻璃的选择

根据本地区太阳日照特点，综合考虑植物的光合作用需求来设计玻璃窗的大小、方位和朝向。查阅资料，比较不同种玻璃的透光性能，选择合适的玻璃材料。

4.发电装置的选择

根据本地区的季风及日照特点，查阅资料，探讨风力发电和太阳能发电的可行性，选择风力发电装置或太阳能发电装置。制作"绿色房子"需要的发电装置模型并标注参数。

5.房屋模型的制作

对"绿色房子"的外形进行设计并制作。

根据功能，画出"绿色房子"各部分的图纸，并标注尺寸。

自选材料，按图纸尺寸进行裁剪。

选择环保型黏合剂，按操作要求依次拼接所有裁剪板材部件。制作时，突显"绿色房子"的功能特征，突出以下几个方面：保温材料、太阳能储能装置、风力发电装置、废水收集利用系统等。

6."绿色房子"设计与制作简介

对"绿色房子"的整体思路、数据设计、材料选择等进行介绍，说明制作"绿色房子"的关键环节以及节能环保原理。

(四)测试与优化

小组展示"绿色房子"设计与制作简介，教师和同学讨论其存在的问题，并提出改进建议。小组对"绿色房子"进行优化。

五、多维评价

对学生进行多维评价，教师可以更全面地了解学生在学习过程中的表现，从而更全面客观地评价学生的学习效果。同时，多维评价也能使学生更好地了解自己在学习过程中的表现，从而发现自己在某些方面的不足，并及时弥补。

表6.12 创新素养评价表

创新素养要素	评价纬度	评价内容	自评	互评	师评	改进
创新人格	价值体认践行	具有好奇的人格特征，对新能源、环境保护等前沿问题充满好奇心，乐于参与学习活动并积极探索				
		具有优选的人格特征，能在设计与制作“绿色房子”的活动中选择解决问题的最优方案				
		具有敢为的人格特征，能在学习活动中独立思考，敢于尝试，敢于挑战新事物，敢于说出自己独到的见解				
		具有坚持的人格特征，能在活动中专注认真，不怕困难，持之以恒				
创新思维	问题解决表现	能根据生活现象，发现环境污染现象，提出节能环保的措施				
		能根据物理学和跨学科原理，说出“绿色房子”的整体设计思路，突出节能环保理念				
		能发现任务中遇到的问题并提出解决方案				
		能对“绿色房子”进行测试与优化，敢于质疑并提出创新性的改进建议				
创新实践	物化成果呈现	能简单画出“绿色房子”的设计图纸				
		能利用物理学、工程学等跨学科知识原理，制作“绿色房子”				

案例八 制作潜水艇模型

一、选定主题

近代以来，我国科学家和研究人员在众多领域取得了重大创新和突破，如深海、深空、深地探索，量子通信的发展，5G技术的普及，等等。深海探索有利于人们了解地球内部结构、认识深海自然环境、开发海洋资源，具有重要的研究价值。但深海环境独特、复杂、危险，存在高压强、强辐射等物理学难题，还存在着海洋生物多样、洋流变化莫测、海水腐蚀等生物学和化学难题，因此，深海探索的技术和装备一直是困扰人们开发海洋的技术难题。

我国自主研发的“奋斗者”号全海深载人潜水器，其设计下潜深度为10000 m，工作范围可以覆盖全球99.8%的海域，代表了世界深海科技的最高水平。通过了解“奋斗者”号载人潜水器的性能、特点、工作原理，能激发学生对科技的兴趣，增强学生的爱国情怀。同时，通过设计与制作潜水艇模型，能够培养学生的创新素养和跨学科解决问题的能力。

二、确定目标

1. 了解“奋斗者”号潜水器的相关信息，以“深海开发对人类社会发展的意义”为主题撰写一篇小论文，学习科学家的拼搏精神和爱国情怀，培养创新人格。

2. 利用物理学知识分析潜水艇上浮下沉的原因，根据物理学与跨学科知识完成潜水艇模型的设计，发展创新思维。

3. 小组合作制作潜水艇模型，体会物理学在工程实践中的应用，培养创新实践能力。

三、学习准备

教师准备：准备教学PPT、物体的浮沉演示实验装置、潜水艇模型等，下载“奋斗者”号潜水器纪录片。

学生准备：准备注射器、塑料瓶、钉子、胶带等，搜集中国潜水器的相关信息。

四、探究与实践

（一）情境与问题

播放“奋斗者”号潜水器的视频，介绍“奋斗者”号潜水器的研发背景、研制过程、下潜记录等。引导学生针对两个问题展开讨论：一是潜水艇浮沉的工作原理，二是我国深海探索的意义。由此提出跨学科实践主题：制作潜水艇模型。

从学生的学情来看，初中学生对于神秘的海洋生物和海底资源具有浓厚的好奇心和兴趣，并且已经具备了浮力、压强等基础知识。"奋斗者"号潜水器彰显了我国前沿科技的发展水平，可以激发学生的探索热情。

从发展学生创新素养的角度来看，制作潜水艇模型，学生将经历设计、制作的过程，可以在创新实践中发展学生的创新思维。同时，潜水器的研发蕴含科学家勇攀科技高峰的精神，可以激发学生的爱国情怀，有助于培育创新人格。

从跨学科视角看，潜水艇的制作基于物理学中的"物体的浮沉条件"知识，与工程实践紧密相联，融合了地理学、生物学、材料学等多学科领域，有利于培养学生跨学科解决问题的能力。

（二）规划与设计

1.探究物体的浮沉条件

学生讨论物体浸没在水中时的浮沉情况，如图6.26所示。从力与运动的角度进行分析，说明物体浮沉的原因，如图6.27所示。

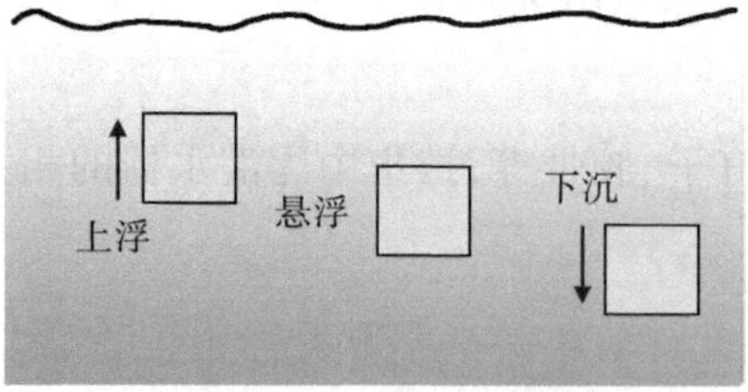

图6.26 物体的浮沉情况

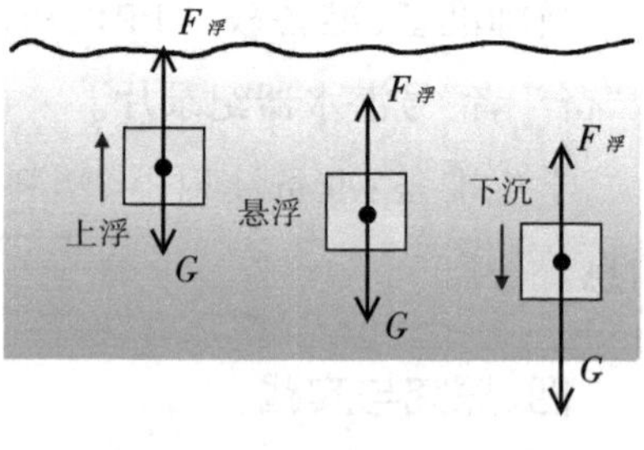

图6.27 物体浮沉的受力分析

当$F_{浮}>G$时，浸没在液体中的物体将上浮；当$F_{浮}=G$时，浸没在液体中的物体将悬浮；当$F_{浮}<G$时，浸没在液体中的物体将下沉。

从生活经验出发,学生易于发现物体在液体中的浮沉情况。以此为问题情境,从物理学中“力与运动的关系”出发,分析得到物体浮沉的原因,揭示生活现象背后的物理学原理。以上学习过程,体现了物理知识在生活中的具体应用,通过观察、分析,培养学生的创新思维。

2.观察潜水艇的构造

学生观察潜水艇的构造,如图6.28和图6.29所示,阐述潜水艇上浮下沉的原因。

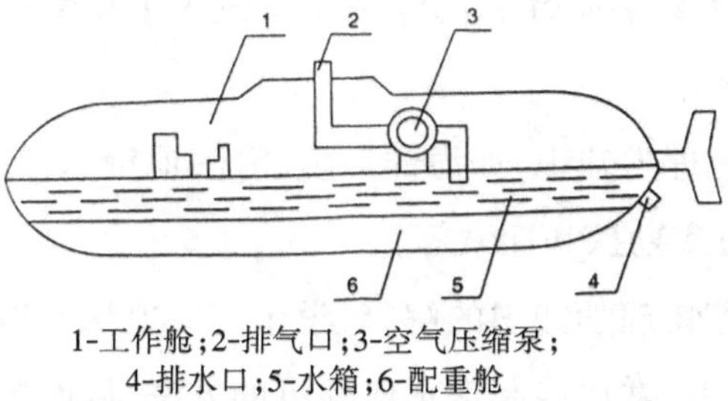

图6.28 潜水艇的构造示意图

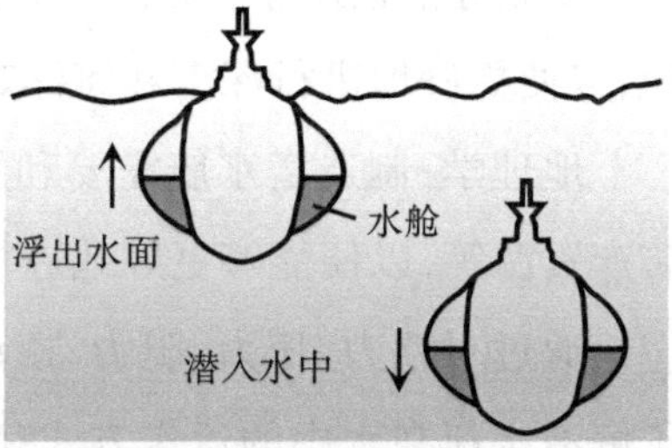

图6.29 潜水艇的截面示意图

学生已经具备了物体浮沉条件的知识基础,通过观察潜水艇的构造,可以深入理解潜水艇靠改变自身重力实现上浮和下潜的工作原理,培养了学生从物理学视角分析现实问题的能力,形成初步的运动观念,体会物理学在工程实践中的应用价值。

3.设计潜水艇模型

学生依据潜水艇上浮下潜的原理,利用生活中常见的物品,设计潜水艇模型,并画出简图。

利用身边常见的物品设计潜水艇模型,能够引导学生由物理学原理走向工程实践。学生通过画简图、草图的方式,将脑海中的思路、想法展示出来,不仅能够为下一步潜水艇的制作打下基础,更锻炼了学生的思维能力、绘图能力和表达能力,有助于创新思维的提升。

(三)物理学与跨学科原理解释

潜水艇是物理学应用于工程实践的具体案例,涉及多学科原理。

物理学:制造潜水艇需要利用浮力、物体的浮沉条件、力与运动的关系、液体压强等多个物理学原理,从而实现在水中上浮和下沉、承受水的压力、减少水的阻力等。

工程学:制造潜水艇需要利用工程学知识,包括选用材料、加工和焊接等,以及各种机械和电子设备的设计和安装等。

化学:制造潜水艇需要利用电池技术、空气制备技术等,从而提供燃料、空气和电力等方面的支持。

生物学:制造潜水艇需要利用生物多样性和海洋生态系统等生物学知识,以便更好地进行深潜和海洋观察等。

地理学:制造潜水艇需要利用地理学知识,如海洋环境、海底地貌、海底矿产资源等,以便能够更好地进行海底勘探和探索等。

通过对浮力、压力、阻力、振动等物理学知识的解释,学生能够更深入地了解潜水艇在水中的运作方式和原理,掌握控制潜水艇浮沉的方法,从而提升对物理学知识的认识和理解。通过对工程学、化学、生物学、地理学等多学科的知识进行解释,学生能够更加全面地了解潜水艇的构造和使用方法,进而激发他们对自然与科学的好奇心,激发学习的兴趣与热情,培养创新意识和创新思维。

(四)探索与实践

学生分工合作,利用设计方案进行潜水艇模型的制作,实现潜水艇的上浮和下潜,如图6.30所示。

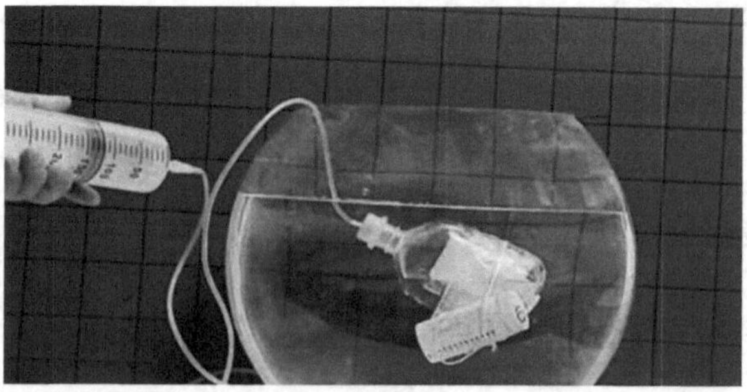

图6.30 自制潜水艇

将设计方案变为实物是实现教学目标的重要一环，需要综合考虑材料选取、零件制作、安装调试等多个环节。实践过程有利于学生深入领会物理学及跨学科原理，有利于培养学生的动手操作能力、团队合作能力等，促进学生创新实践能力的提高。

（五）测试与优化

学生展示潜水艇模型，针对模型气密性、平衡性等方面存在的问题进行改进。另外，进行功能性优化，如增加潜望镜、增加雷达系统等。

通过对模型的测试，可以发现潜水艇设计中的缺陷，提出改进措施和解决方案。利用跨学科知识与技能解决遇到的问题，有助于培养学生的创新素养。

五、多维评价

对学生进行多维评价，教师可以更全面地了解学生在学习过程中的表现，从而更全面客观地评价学生的学习效果。同时，多维评价也能使学生更好地了解自己在学习过程中的表现，从而发现自己在某些方面的不足，并及时弥补。

表6.13 创新素养评价表

创新素养要素	评价纬度	评价内容	自评	互评	师评	改进
创新人格	价值体认践行	具有好奇的人格特征，对海洋生物、海洋资源充满好奇心，乐于参与学习活动并积极探索				
		具有优选的人格特征，能在学习活动中选择解决问题的最优方案				
		具有敢为的人格特征，能在学习活动中独立思考，敢于尝试、敢于挑战新事物，敢于说出自己独到的见解				
		具有坚持的人格特征，能在学习活动中专注认真，不怕困难，持之以恒				

续表：

创新素养要素	评价纬度	评价内容	自评	互评	师评	改进
创新思维	问题解决表现	能根据生活经验，说明物体的浮沉情况。能利用浮力、力与运动的关系，对浸没在液体中的物体进行受力分析，得到物体的浮沉条件				
		能结合潜水艇的构造，利用物体的浮沉条件，说明潜水艇上浮或下沉的原理				
		能发现任务中遇到的问题并提出解决方案				
		能对模型进行测试与优化，敢于质疑并提出创新性的见解				
创新实践	物化成果呈现	能将脑海中的想法细节化、具体化，完成潜水艇的设计图纸				
		能利用物理学与工程学的知识和技能，制作出潜水艇模型，要求密闭、工作时舱体平稳、能实现上浮和下沉				

案例九 人体中的杠杆

一、选定主题

杠杆是物理课程标准“运动和相互作用”一级主题、“机械运动和力”二级主题中的内容。课程标准的要求是：知道简单机械，探究并了解杠杆的平衡条件。物理教材中列举了大量杠杆的实例，如撬棒、吊车、船桨、剪刀、独轮车等，帮助学生认识杠杆，使学生认识到生活和物理有着密不可分的联系。除了物理教材中的学习素材外，教师还应该扩大学生的学习视野，指导学生从生活走向物理，从物理走向社会。人作为一个生物体，其身体结构中包含多种杠杆，它们构造精细，工作过程巧妙。学生在活动或劳动中观察和体验人体中的杠杆，并基于物理学和跨学科视角解释人体中杠杆的工作原理，具有重要的学习意义。

二、确定目标

1.通过活动或者劳动,基于物理学原理,识别人体中的杠杆,激发学生的好奇心和求知欲,培养创新人格。

2.通过寻找人体中的杠杆,概括杠杆的本质特征,建构杠杆的物理模型。通过科学探究,发现杠杆工作时动力、阻力、动力臂、阻力臂之间的关系,能对杠杆进行识别和分类,促进创新思维的发展。

3.基于物理学,结合生物学相关知识,研究人和动物的关节、骨头、骨骼肌等,从跨学科的视角分析它们的功能。根据人体结构,研究劳动(运动)过程中某一人体杠杆,制作杠杆模型,写一篇说明"结构与功能相适应"的文章。通过跨学科实践,提高创新实践能力。

三、学习准备

教师准备:准备多媒体资料,人体肱二头肌模型、青蛙骨骼模型等。学生杠杆平衡装置每4人一套。

学生准备:查阅相关资料,了解人前臂的构造和端起物体的工作过程。

四、探究与实践

(一)情境与问题

1.生活场景再现

尝试用手端起茶杯喝水,体会端起茶杯和放下茶杯时手臂肱二头肌的感觉,讨论肱二头肌的工作原理。

2.学生观察模型

教师出示肱二头肌的模型,讲解各部分的名称。学生利用肱二头肌提起重物,观察并体验整体工作过程。

3.教师引入问题

用手提起重物,从生物学视角可以这样解释:肱二头肌牵引桡骨绕着肘关节转动，如图6.31所示；从物理学视角可以这样解释：人体的手臂可以简化为一种简单的机械——杠杆。那么，什么是杠杆？杠杆又是如何工作的呢？

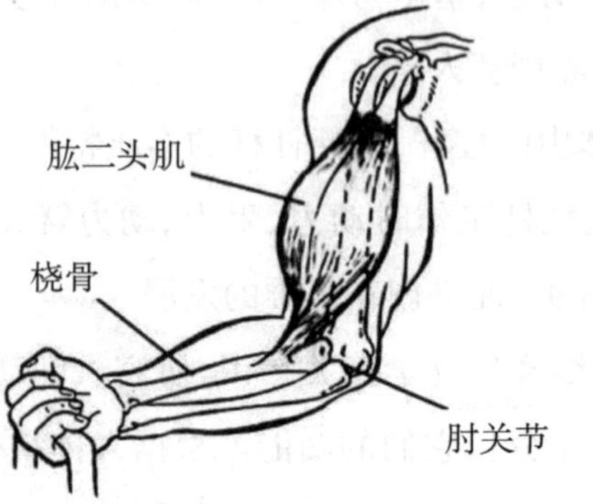

图6.31 肱二头肌工作示意图

4.学生实践

如图6.32所示为生活中的杠杆，用撬棒撬起图钉、用钓鱼竿钓鱼、用启瓶器打开饮料瓶盖、用羊角锤启钉子。观察撬棒、钓鱼竿、启瓶器、羊角锤的工作情境，与手臂肱二头肌的工作过程进行对比，概括它们工作时的共同点，尝试抽象出它们的本质特征，提炼并画出杠杆的模型，指认支点、动力、阻力、动力臂、阻力臂。

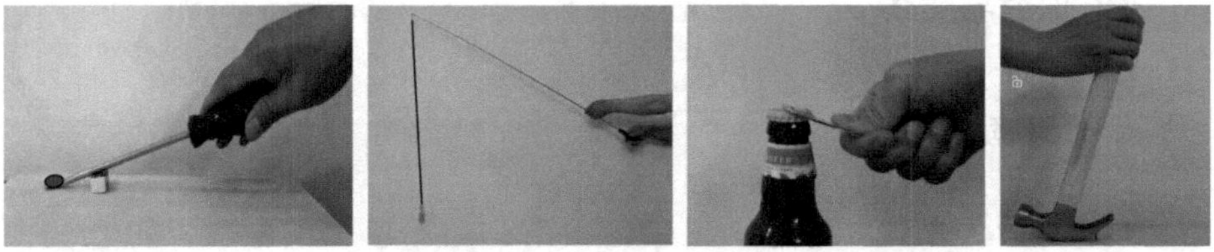

图6.32 生活中的杠杆

(1)分别画出人手臂、撬棒、钓鱼竿、启瓶器、羊角锤的杠杆模型。

(2)在杠杆模型上标出支点、动力、阻力、动力臂、阻力臂。

(3)提出研究问题：杠杆平衡时，动力、阻力、动力臂、阻力臂之间可能存在什么关系？

(二)规划与设计

1.研究小组分工合作，明确各自承担的任务。

2.设计实验步骤，选择实验器材。

3.画出实验记录表格。

（三）探索与实践

1.探索杠杆的平衡条件

通过调节平衡螺母，使杠杆达到水平平衡。给杠杆两侧挂上不同数量的钩码，改变钩码的位置，使杠杆再次在水平位置平衡，如图6.33所示。记录每次动力F_1和阻力F_2的大小，以及动力臂l_1和阻力臂l_2的大小。实验至少做3次，将数据填写在表6.14中。

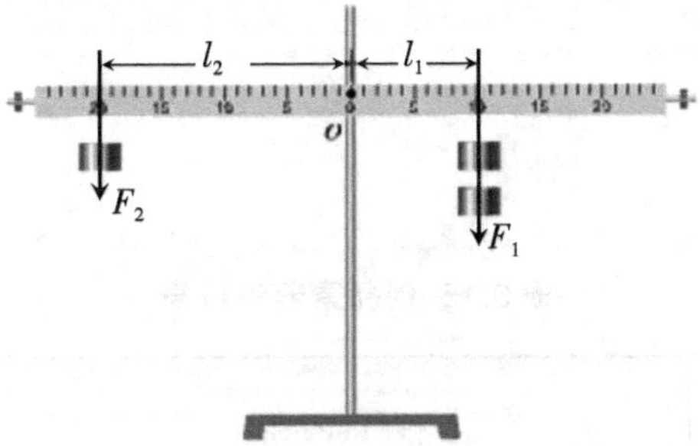

图6.33 研究杠杆的平衡条件

表6.14 探究杠杆的平衡条件实验

次数	动力F_1/N	动力臂l_1/m	阻力F_2/N	阻力臂l_2/m
1				
2				
3				
……				

分析实验结果，得出杠杆的平衡条件。

对人体手臂、撬棒、钓鱼竿、启瓶器、羊角锤进行分析，判断它们是省力杠杆还是费力杠杆。

2.制作模型或撰写研究报告

学生根据学习条件和兴趣，自选下列专题进行实践研究：

（1）人体结构中的杠杆模型研究和制作。

(2)健康生活、安全生产中的杠杆模型研究和制作。

(3)根据研究内容,撰写一篇说明“结构与功能相适应”的研究报告。

(四)物理学与跨学科原理解释

从物理学、生物学、工程学等跨学科视角对模型和研究报告进行阐述分析,得出“结构与功能相适应”的观点。

(五)测试与优化

展示制作的杠杆模型和研究报告,同学之间交流探讨,对不足之处及时进行改正和优化。

五、多维评价

表6.15 创新素养评价表

创新素养要素	评价纬度	评价内容	自评	互评	师评	改进
创新人格	价值体认践行	具有好奇的人格特征,对人的活动、劳动过程具有好奇心,乐于探索并积极实践				
		具有优选的人格特征,能在活动中选择解决问题的最优方案				
		具有敢为的人格特征,能在活动中独立思考,敢于尝试、敢于挑战新事物,敢于说出自己独到的见解				
		具有坚持的人格特征,能在活动中专注认真,不怕困难,持之以恒				
创新思维	问题解决表现	能根据生活经验,建构人体某部位的杠杆模型,并提炼出杠杆的基本特征				
		能通过探究实验,发现杠杆的平衡条件				
		能判断出人体某部位的杠杆类型				
		能对制作的模型或撰写的研究报告进行优化,敢于质疑并提出创新性的见解				

续表：

创新素养要素	评价纬度	评价内容	自评	互评	师评	改进
创新实践	物化成果呈现	制作人体结构中的某一杠杆模型				
		制作健康生活、安全生产中的某一杠杆模型				
		撰写一篇说明“结构与功能相适应”的研究报告				

对学生进行多维评价，教师可以更全面地了解学生在学习过程中的表现，从而更全面客观地评价学生的学习效果。同时，多维评价也能使学生更好地了解自己在学习过程中的表现，从而发现自己在某些方面的不足，并及时弥补。

案例十 自制柳哨奏乐

一、选定主题

“声”隶属于物理课程标准中“运动和相互作用”这一主题，同时，与日常生活、工程实践、社会发展息息相关，可以用跨学科实践的方式来完成声音特性的学习。

人教版物理教材八年级上册第二章第二节“声音的特性”，在“动手动脑学物理”的活动中提出“小小音乐会”的实践内容。将声音的特性和乐器跨学科相联，可以激发学生的求知欲和学习热情。

春季是万物复苏的季节，基于对课程标准和教材的分析，可利用柳树的嫩枝来制作乐器——柳哨，研究乐音的音调，从而确定跨学科学习主题——“自制柳哨奏乐”。本学习主题可以帮助学生将物理学习跨向生物学科、音乐学科和劳动学科，融合利用多学科的知识、思维方式、科学方法和实践技能，实现做中学、用中学、创中学、乐中学。

二、确定目标

创新素养是学生核心素养的重要维度，指向创新素养培育的“自制柳哨奏乐”的教学目标如表6.16所示。

表6.16 创新素养目标

素养要素	素养目标	关键路径
创新人格	在春天柳树萌芽的现实情境中激发学生的好奇心和想象力；在制作柳哨和吹奏柳哨的实践过程中形成优选、敢为和坚持的人格特质	①对柳树的枝条进行观察，产生探索欲望，结合对笛子、唢呐等的对比，萌发制作柳哨的想法； ②在制作柳哨和吹奏柳哨的过程中，面对陌生的问题情境时，考虑各种情况，具有选择最佳解决方案的意识，能独立思考，有主见，敢于尝试，敢于挑战新事物，敢于质疑同伴的观点； ③在柳哨的制作和优化过程中专注认真、不惧困难、有始有终
创新思维	根据猜想、设计、收集证据，分析影响柳哨音调高低的因素，培养科学推理、科学论证的思维能力；通过对不同实验结果进行分析，培养质疑创新的思维能力	①通过生活经验，对影响柳哨音调高低的因素提出合理化猜想； ②通过对多因素影响柳哨音调高低的实验设计，灵活运用控制变量的科学思维方法； ③通过调音器显示频率，比较柳哨音调的高低，基于科学证据得出科学结论； ④对不同小组实验结论的偏差进行分析，敢于质疑并提出创新性的见解
创新实践	通过探究影响柳哨音调高低的因素，培养实验能力；通过制作柳哨，培养动手能力；通过柳哨演奏，培养跨学科学习能力	①猜想影响柳哨音调高低的因素，并通过设计实验验证猜想； ②设计柳哨的制作方案，并成功制作柳哨； ③吹奏柳哨，进行“两只老虎”的音乐演奏

三、学习准备

做好充足的课前准备是跨学科实践成功开展的前提和保障。跨学科实践学习和其他学习的不同在于跨学科性和实践性，需要与之匹配的学习空间、教具、学具以及各种跨学科学习资源。

教师准备：选择春天柳树泛青但嫩叶没有长大时，此时柳条的结构最适合做柳哨；在校园中选择合适的柳树，要求柳树的高度适合学生采摘，柳枝粗细适当、关节较少;展示柳枝结构的示意图;显示音调高低的频率仪;音频片段《两只老虎》;剪刀;教学课件。

学生准备:课前观察柳枝的结构,了解柳哨的制作方法。熟悉各种学具、工具、材料的使用,加深对活动任务的了解,激发学习兴趣,提高参与意识。

四、探究与实践

(一)情境与问题

在课前10分钟,学生围绕在校园中的柳树旁,教师指导学生采摘柳条,选择枝杈疤节较少、粗细适中、光滑笔直的部分,长度为10~15 cm。如图6.34所示,对照木本植物茎的结构图仔细观察柳条的结构。教师展示成品柳哨,吹奏出嘹亮的哨声,激发学生的学习热情。此时,学生跃跃欲试,渴望像老师一样尝试。提出研究问题:如何制作柳哨?

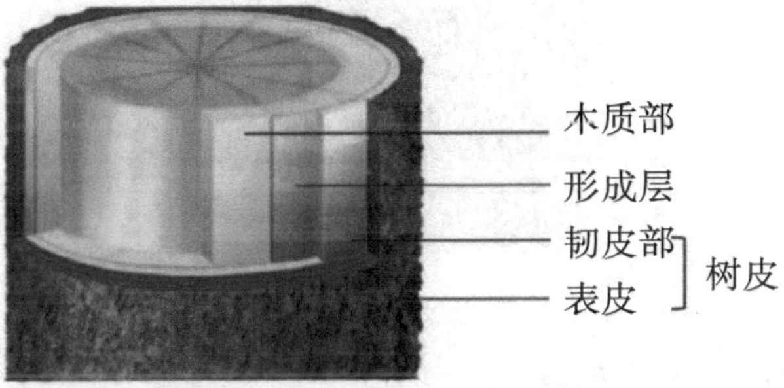

图6.34 木本植物茎的结构图

(二)规划与设计

学生带着采摘的柳条回到教室,深入开展跨学科实践学习。

1.制作柳哨

教师展示传统乐器唢呐的构造,指出柳哨的发声原理和唢呐相似。教师展示柳哨的制作方法,可分为拧、抽、剪、刮四个步骤,如图6.35所示。学生按照步骤进行制作,制作成品如图6.36所示。

(1)拧:慢慢拧柳条,听到"咔"的一声,表示树皮与木质部分离。

(2)抽:一手捏住木芯,另一手握住柳树皮,慢慢用力抽出木芯,得到柳树皮管。

(3)剪:将柳树皮管上破损的部分剪去,选取没有裂缝的一段。

(4)刮:小心刮掉柳树皮管上端约0.5 cm宽的表皮,保留韧皮部,将其捏扁做成哨片。

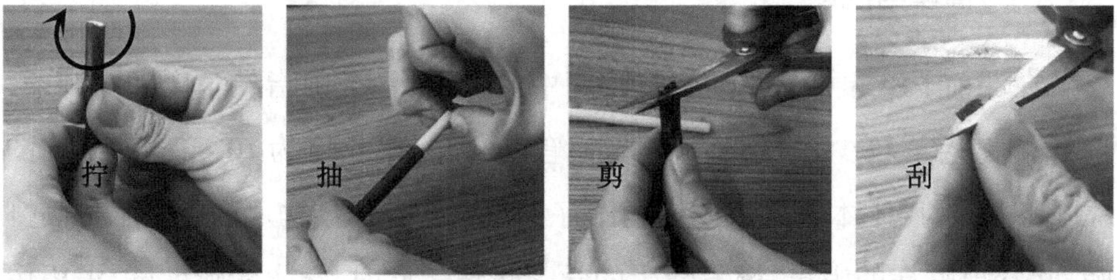

图6.35 柳哨的制作步骤

图6.36 柳哨成品图

2.试吹柳哨

学生试吹自制的柳哨,发现不同的柳哨发出的声音音调不同。教师引导学生思考:柳哨发出的声音音调不同的原因是什么?学生对不同柳哨的发声过程进行比较,得到如下猜想:柳哨发出声音的高低可能与柳哨的长短、柳哨的粗细以及吹哨时吹气的速度有关。

3.设计方案

学生分小组对影响柳哨发声音调高低的因素进行实验设计,并进行讨论和展示。设计的重点是如何运用控制变量的科学研究方法,设计的难点是如何准确判断音调的高低。实验设计如表6.17所示。

表6.17 “影响柳哨发声音调高低的因素”实验设计

<table>
<tr><td rowspan="3">设计重点</td><td rowspan="3">控制变量法</td><td>探究柳哨发声音调高低与柳哨长度的关系</td><td>两段柳哨的粗细相同,长度不同,吹气时控制吹气速度相同</td></tr>
<tr><td>探究柳哨发声音调高低与柳梢粗细的关系</td><td>两段柳哨的长度相同,粗细不同,吹气时控制吹气速度相同</td></tr>
<tr><td>探究柳哨发声音调高低与吹气快慢的关系</td><td>同一段柳哨,两次吹气时控制吹气速度不同</td></tr>
<tr><td rowspan="2">设计难点</td><td rowspan="2">判断柳哨发声音调的高低</td><td colspan="2">音调高低可用耳朵进行粗略的判断,只能进行定性研究,有可能出现误判</td></tr>
<tr><td colspan="2">音调高低可利用专业仪器(如频谱仪、智能调音器等)进行检测,得到准确的频率数值,能够进行观察比较,结果精准</td></tr>
</table>

(三)探索与实践

学生按照设计的实验方案进行探究并展示实践成果。对于柳哨发声音调的高低,仅靠人耳去听是不可靠的。为了进行精确的测量,教师向学生提供智能调音器软件,利用此软件既可以显示哨声振动频率的数值,又可以显示哨声的音高。

1.探究柳哨发声音调高低与柳哨长度的关系

选取3段粗细相同、长度不同的柳哨,每次吹气速度相同,比较3次哨声音调的高低。调音器显示频率分别为522.9 Hz、572.4 Hz、749.5 Hz,音高分别为c、d、f#,音高越来越高,如图6.37所示。多次实验得出结论:在粗细相同、吹气速度相同时,柳哨长度越短,发出声音的音调越高。

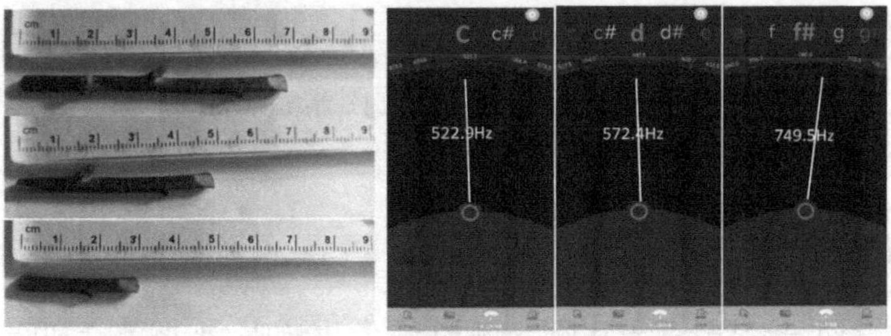

图6.37 柳哨发声音调高低与柳哨长度的关系

2.探究柳哨发声音调高低与柳哨粗细的关系

选取3段长度相同、粗细不同的柳哨,3次吹气速度相同,比较3次哨声音调的高低.调音器显示频率分别为393.9 Hz、449.3 Hz、536.0 Hz,音高分别为g、a、c#,音高越来越高,如图6.38所示。多次实验得出结论:在长度相同、吹气速度相同时,柳哨越细,柳哨发出声音的音调越高。

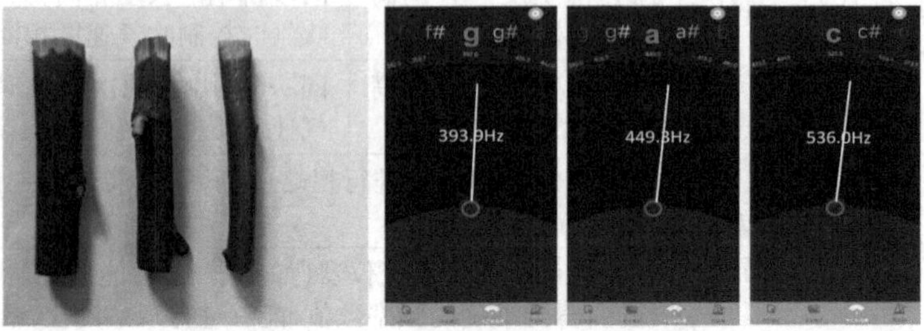

图6.38 柳哨发声音调高低与柳哨粗细的关系

3.探究柳哨发声音调高低和吹气速度的关系

同一段柳哨,提高吹气的气流速度,调音器显示频率分别为734.6 Hz、781.7 Hz、894.9 Hz,音高分别为f#、g、a,音高越来越高,如图6.39所示。多次实验得出结论:在柳哨粗细相同、长度相同时,吹气越快,柳哨发出声音的音调越高。

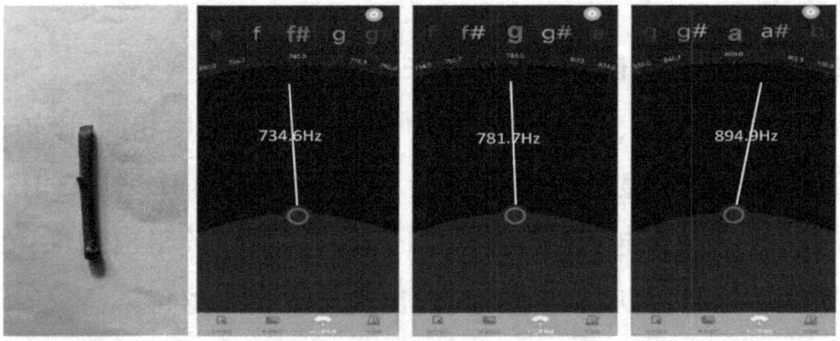

图6.39 柳哨发声音调高低与吹气速度的关系

综上,得出影响柳哨发声音调高低的因素:柳哨的长短、粗细以及吹气速度的快慢。

(四)测试与优化

播放《两只老虎》音乐片段,教师带领学生试唱,把握节奏和音调。依据影响哨声音调高低的因素,鼓励学生不断调整和优化,以柳哨作为乐器,对照歌谱进行吹奏。此音乐片段旋律简单,而每个柳哨都有不同的音调范围,学生通过不断地测试和优化,能够实现乐曲的吹奏。学生用到的吹奏方法有以下3种：

(1)多人合作。每人用各自的柳哨各吹奏1个音，6人搭配，合作完成乐曲演奏；也可以每人用各自的柳哨各吹奏其中的几个音，2~3人搭配，合作完成乐曲演奏。

(3)独立完成。1名同学独立完成，通过改变吹气的流速改变柳哨发声的音调，实现乐曲独奏。

(3)合奏。全班同学配合，实现柳哨大合奏，响度增大，听觉效果最佳。

(五)物理学与跨学科原理解释

学生小组对学习过程进行梳理，对相应的物理学与跨学科原理进行总结，如表6.18所示。

表6.18 物理学与跨学科原理解释

学科		跨学科原理
物理		影响音调高低的因素；科学思维；科学探究
跨学科	生物	木质植物茎的结构组成；结构与功能观
	音乐	基本乐理；审美感知；艺术表现；创意实践
	劳动	美工刀、剪刀等工具的使用；柳哨的制作

五、多维评价

表6.19 创新素养评价表

创新素养要素	评价纬度	评价内容	自评	互评	师评	改进
创新人格	价值体认践行	具有好奇的人格特征，对大自然充满好奇心，乐于想象、积极探索				
		具有优选的人格特征，能在活动中选择解决问题的最优方案				
		具有敢为的人格特征，能在活动中独立思考，敢于尝试、敢于挑战新事物，敢于说出自己独到的见解				
		具有坚持的人格特征，能在活动中专注认真，不怕困难，持之以恒				

续表：

创新素养要素	评价纬度	评价内容	自评	互评	师评	改进
创新思维	问题解决表现	能对生活中的现象进行综合分析，对影响柳哨发声音调高低的因素提出合理化猜想				
		能灵活运用控制变量的科学思维方法，对影响柳哨发声音调高低的因素进行实验设计				
		能基于科学证据，得出影响柳哨发声音调高低的因素				
		能对不同小组实验结论的偏差进行分析，敢于质疑并提出创新性的见解				
		能发现任务中遇到的问题并提出解决方案				
创新实践	物化成果呈现	能利用物理学、生物学等跨学科的知识、方法和技能，制作柳哨。柳哨能发声，外形美观，无裂痕				
		能基于物理学和音乐学科的知识、方法和技能，利用柳哨进行《两只老虎》的演奏。或单人独奏，或多人合作，乐曲音色优美，音调基本准确				

对学生进行多维评价，教师可以更全面地了解学生在学习过程中的表现，从而更全面客观地评价学生的学习效果。同时，多维评价也能使学生更好地了解自己在学习过程中的表现，从而发现自己在某些方面的不足，并及时弥补。

案例十一 我是电路安装工程师

一、选定主题

安全用电与人们的切身利益息息相关，涉及很多物理学知识。物理课程标准中明确提出“了解家庭电路的组成，有安全用电和节约用电的意识”的要求。研究家庭安全用电的重要性主要体现在以下几个方面：

一是预防安全事故。家庭用电过程中，如果电器使用不当或者存在隐患，可能导致电击、火灾、爆炸等安全事故，甚至危及人身安全。研究家庭安全用电,可以更好地预防这些事故的发生。

二是提升公众安全意识。研究家庭安全用电,可以帮助公众了解电器安全知识,提升公众的安全意识,增强他们对电器使用的风险意识和安全意识。

三是推动绿色能源的发展。家庭安全用电的问题,不仅关乎人身安全,同时与环境保护息息相关。研究家庭安全用电,可以推动绿色能源的发展。

以“我是电路安装工程师”为主题,研究家庭电路的构成、安装和安全用电问题,在探索、研究和实践的基础上开展物理跨学科实践,能够发展学生跨学科运用知识的能力、分析和解决问题的综合能力,保护公众的安全,促进社会的发展。

二、确定目标

1.通过实地考察家庭电路的组成,激发学生的好奇心和求知欲,在学习和实践的过程中培养创新人格。

2.通过实验发现家庭电路中电流过大的原因,对实践成果进行优化和改进,提出创造性的思路和想法,培养创新思维能力。

3.调查生活中的安全隐患,写出家庭安全用电方案,安装家庭电路模拟电路板,培养创新实践能力。

三、学习准备

教师准备:试电笔,家庭电路模拟实验室,家庭电路各组成元件(电能表、空气开关、导线、两孔插座、三孔插座、开关),螺丝刀,试电笔,等等。

学生准备:观察家中的电路组成及连接情况,提出可能存在的用电安全隐患。

四、探究与实践

(一)情境与问题

学生已经具备一定的电学知识基础,现在家中新买了商品房,请你来设计安装家庭电路。你将如何设计?安装注意事项有哪些?需要向家人普及哪些安全用电常识？

学生分小组列举家中的家用电器，说出自己的用电经验以及遇到的用电难题。学生发现：电给人们的生活带来了很多便利，但如果不能正确地用电，会带来很大的危害，甚至危及生命健康。由此提出研究主题：如何安全用电？

（二）规划与设计

要想实现对家庭电路的设计和安装，需要对如下问题进行规划与设计：

（1）实地观察家庭电路，了解家庭电路的构成和各部分的功能。

（2）根据家庭电路的组成，制作简易的家庭电路模拟电路板，研究家庭电路电流过大的原因。所用器材有电能表、总开关、保险盒、导线、灯泡、开关、两孔插座、三孔插座、导线等。

（3）调查生活中存在的用电安全隐患，从电源设备、电器设备、配电线路、漏电保护、日常用电等方面写出家庭用电安全隐患解决方案。

（三）探索与实验

1.家庭电路的构成和各部分的功能

（1）小组交流，尝试说出自己家中电路的组成。

（2）教师播放家庭电路组成的视频，学生分析家庭电路的构成：两根进户线、电能表、总开关、保险装置、用电器、插座、导线等，如图6.40所示。

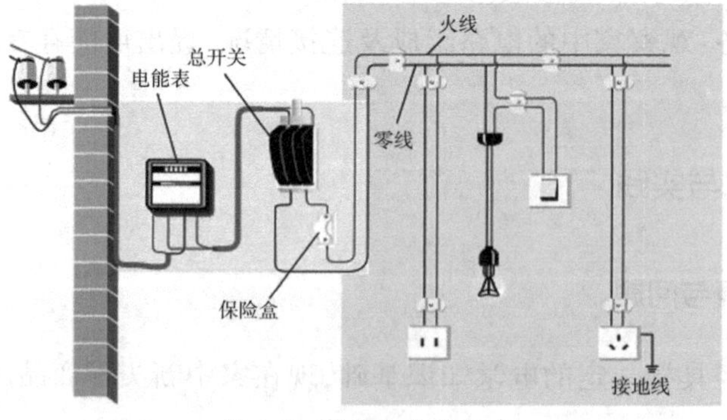

图6.40 家庭电路的组成

了解家庭电路中各部分的功能和使用注意事项，尝试回答如下问题：

①两根进户线的区别是什么？

②试电笔的构造是怎样的？如何正确使用试电笔？

③三孔插座的安装方法和地线的作用是什么？

④如何正确安装灯座？

⑤如何正确安装开关？

(3)学生尝试使用试电笔确定零线和火线。使用试电笔时，手指按住笔卡，用笔尖接触被测的导线(手指千万不能碰到笔尖)。

(4)了解熔断器的作用、原理、安装和使用方法。

(5)如图6.41所示，设计实验研究保险丝的作用。实验发现，电流过大，保险丝线熔断，铜丝不熔断。

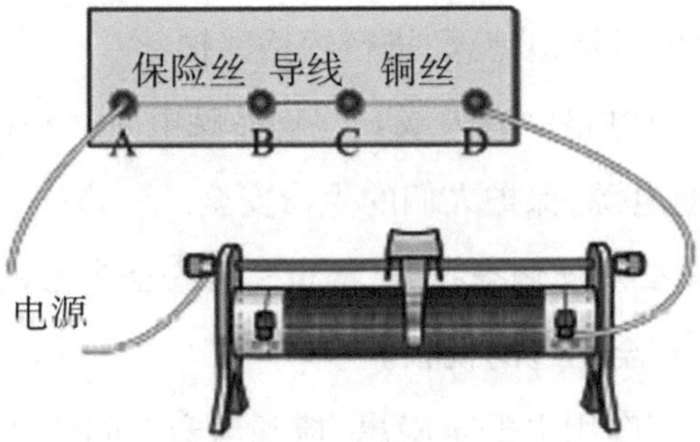

图6.41 观察保险丝的作用

2.组装家庭电路

学生尝试组装家庭电路实验板并展示，如图6.42所示。

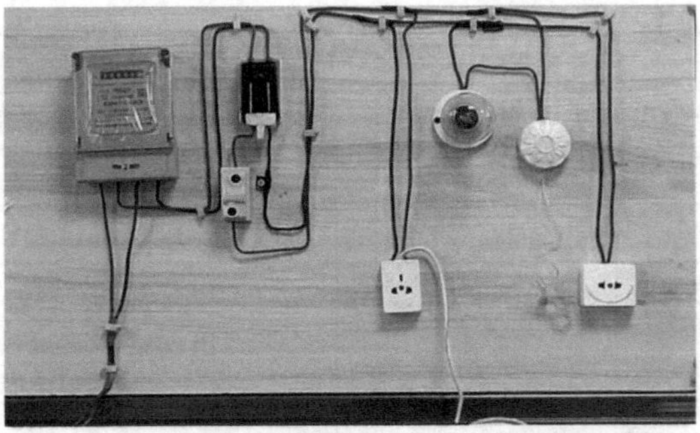

图6.42 学生组装家庭电路实验板

3.研究家庭电路电流过大的原因

为了安全起见，由教师进行操作，学生分析总功率过大和短路两种情况下电路出现问题的原因。

(1)由电功率公式P=UI可得，当总功率过大时，电路的总电流过大，导致空气开关跳闸。

(2)由于导线的电阻很小，短路时，电路中的电流很大，导致空气开关跳闸。

(3)学生分析空气开关是如何工作的，教师总结空气开关在保护家庭电路安全过程中的作用：

①过载保护：当电路中某一设备或继电器发生故障或过载时，空气开关会自动切断电源，防止电线过热和火灾等问题的发生。

②短路保护：当电路中出现短路事故时，空气开关会在两个电极之间产生强大的电弧，使电流被迫熄灭，进行短路保护。

③漏电保护：当电路中有人或其他物品触电时，空气开关会检测到电流的泄漏并及时切断电源，保护人们的生命安全。

4.撰写家庭安全用电调查报告，提出家庭安全用电建议

(1)学生观看安全用电的视频。

(2)学生讨论家庭用电安全隐患，梳理出安全问题清单，从电源设备、电器设备、配电线路、漏电保护、日常用电等方面写出家庭用电安全隐患解决方案，如表6.20所示。

表6.20 家庭用电安全隐患解决方案

家庭用电安全隐患解决方案			
触电安全隐患解决方案		火灾安全隐患解决方案	
触电安全隐患	解决方案	火灾安全隐患	解决方案
湿手触开关		用电器总功率过大	
没有正确使用三孔插座		电路短路	
带电换灯泡		电线老化	
……		……	
触电后的应对措施		火灾发生后的应对措施	

结合家庭用电需求和潜在危险,以电路安装工程师的身份制定安全用电方案,包括电器设备的选择、线路布置、漏电保护、安全规范等。

(四)测试与优化

学生对安装的家庭电路实验板进行测试,发现问题及时修正。

(五)物理学与跨学科原理解释

利用家庭电路实验板开展"我是电路安装工程师——家庭安全用电建议"报告会,利用物理学及跨学科知识分析日常生活中的安全用电问题,提出解决和改进方案,践行安全健康生活。

五、多维评价

表6.21 创新素养评价表

创新素养要素	评价维度	评价内容	自评	互评	师评	改进
创新人格	价值体认践行	具有好奇的人格特征,对家庭电路的相关问题充满好奇心,乐于探索,积极实践				
		具有优选的人格特征,能在活动中选择解决问题的最优方案				
		具有敢为的人格特征,能在活动中独立思考,敢于尝试、敢于挑战新事物,敢于说出自己独到的见解				
		具有坚持的人格特征,能在活动中专注认真,不怕困难,持之以恒				
创新思维	问题解决表现	能利用观察法分析家庭电路的基本组成				
		能对家庭电路中存在的问题进行综合分析,利用实验分析家庭电路中电流过大的原因				
		能利用自主学习、合作学习的方式,发现家庭电路中常见的安全隐患,并提出解决方案				
创新实践	物化成果呈现	能利用物理学、工程学等知识和技能,完成家庭电路实验板的安装				
		能列举触电安全隐患、火灾安全隐患,并提出安全建议,完成安全用电方案,以电路安装工程师的身份在课堂宣讲				

对学生进行多维评价,教师可以更全面地了解学生在学习过程中的表现,从而更全面客观地评价学生的学习效果。同时,多维评价也能使学生更好地了解自己在学习过程中的表现,从而发现自己在某些方面的不足,并及时弥补。

参考文献

[1] 中华人民共和国教育部.义务教育课程方案(2022年版)[S].北京:北京师范大学出版社,2022.

[2] 中华人民共和国教育部.义务教育物理课程标准(2022年版)[S].北京:北京师范大学出版社,2022.

[3] 林崇德.中国学生核心素养研究[J].心理与行为研究,2017,15(02):145-154.

[4] 林崇德.创造性人才特征与教育模式再构[J].中国教育学刊,2010(06):1-4.

[5] 李苏丽.基于创新素养培育的初中生物学活动课程的建设与实施[D].上海:华东师范大学,2022.

[6] 张庆林,曹贵康.创造性心理学[M].北京:高等教育出版社, 2004.

[7] 胡卫平.中小学生创造力发展的课堂教学影响因素[J].教育理论与实践,2010,30(22):46-49.

[8] 宋清阁.实践教学与学生创新素质的培养[J].科技资讯,2012(02):193.

[9] 向玉青.课题型课程——高中学生创新素养培养模式的探索[J].创新人才教育,2013(22):66-68.

[10] 陈晨.融入通用技术课程理念的高中物理跨学科综合实践研究[D].南充:西华师范大学,2021.

[11] 韩芳芳.高中历史教学跨学科资源整合策略研究[D].武汉:华中师范大学,2017.

[12] 杜惠洁,舒尔茨.德国跨学科教学理念与教学设计分析[J].全球教育

展望,2005,34(08):28-32.

[13] 于国文,曹一鸣.跨学科教学研究:以芬兰现象教学为例[J].外国中小学教育,2017(07):57-63.

[14] 刘敏聪,刘鹏飞,郑娅峰,等.基于信息科技的跨学科主题校本课程设计研究[J].数字教育,2023,9(02):54-61.

[15] 王婷.基于STEAM理念培养中学生物理创新素养的实践研究[D].上海:上海师范大学,2021.

[16] 蔡苏,王沛文.美国STEM教育中社会组织的作用及对我国的启示[J].中国电化教育,2016(10):74-78.

[17] 刘仲林.当代跨学科学及其进展[J].自然辩证法研究,1993(01):37-42.

[18] 林崇德.培养和造就高素质创造性人才[J].北京师范大学学报(社会科学 版),1999(01):5-13.

[19] 刘泽雨,董金明.创新素质教育论[M].北京:人民交通出版社,2002.

[20] 张志勇.创新教育——中国教育范式的转型[M].济南:山东教育出版社,2004.

[21] 甘秋玲,白新文,刘坚,等.创新素养:21世纪核心素养5C模型之三[J]华东师范大学学报(教育科学版),2020,38(02):57-70.

[22] 张富勇.浅析高校政治辅导员的地位和作用[J].河南教育学院学报,1994(3):82-84.

[23] 祝琳.创新思维中的理性和非理性因素[J].郑州大学学报(学社会科学版),2006 (5):49-51.

[24] 王建良,施教芳.论信息素养与艺术设计大学生创新思维的培养[J].教育与职业业,2009,1(6):184-185.

[25] 许文峰.面向创新思维培养的小学信息技术项目式学习研究[D].太原:山西师范大学,2021.

[26] 安桂清.论义务教育课程的综合性与实践性[J].全球教育展望,2022, 51(05): 14-26.

[27] 郑葳，贺凯强，王玲．真实情境问题解决的跨学科主题学习设计[J]．基础教育课程，2023(23):37-45.

[28] 崔允漷，郭洪瑞．跨学科主题学习：课程话语自主建构的一种尝试[J]．教育研究，2023，44(10):44-53.

[29] 申宣成．跨学科主题学习：意义、内涵与设计[J]．现代基础教育研究，2023，51(03):17-24.

[30] 姜爽，李春密．《义务教育物理课程标准(2022年版)》的变化分析和教学启示[J]．物理教学，2022，44(08):7-10+22.

[31] 荆鹏，侯恕．初中物理跨学科实践教学的内涵、价值与路径[J]．物理教师，2022，43(10):32-36.

[32] 李其维．破解"智慧胚胎学"之谜——皮亚杰的发生认识论[M]．武汉：湖北教育出版社，1999.

[33] 任友群．建构主义学习理论的哲学社会学源流[J]．全球教育展望，2002(11):15-19.

[34] 余胜泉，杨晓娟，何克抗．基于建构主义的教学设计模式[J]．电化教育研究，2000(12):7-13.

[35] 杨莉娟．活动理论与建构主义学习观[J]．教育科学研究，2000(4):59-65.

[36] 维果茨基．维果茨基教育论著选[M]．余震球，译．北京：人民教育出版社，2005.

[37] 阿·尼·列昂捷夫．活动 意识 个性[M]．李沂，等译．上海：上海译文出版社，1980.

[38] 李沂．A.H.列昂捷夫的活动理论[J]．心理学报，1979(02):233-241.

[39] 吕巾娇，刘美凤，史力范．活动理论的发展脉络与应用探析[J]．现代教育技术，2007(01):8-14.

[40] 霍华德·加德纳．多元智能[M]．沈致隆，译．北京：新华出版社，2003.

[41] 向海雄．中学生潜能开发与创新素养培育[M]．长沙：湖南教育出版

社,2018.

[42] 林崇德,胡卫平.创造性人才的成长规律和培养模式[J].北京师范大学学报(社会科学版),2012(1):36-42.

[43] 彭聃龄.普通心理学[M].北京:北京师范大学出版社,2004.

[44] 陈琦,刘儒德. 教育心理学[M]. 北京:北京师范大学出版社,2007.

[45] 张爱卿.动机论:迈向二十一世纪的动机心理学研究[M].武汉:华中师范大学出版社,1999.

[46] 中国科学院自然科学史研究所.中国古代重要科技发明创造[M].北京: 中国科学技术出版社, 2020.

[47] 江合配.走向真实情境的化学教学研究[M].福州: 福建教育出版社, 2020.

[48] 王志军.真实情境在核心素养培育中的作用[J].文教资料,2019(02): 194-195.

[49] 王海珊.教与学的有效互动——简析支架式教学[J].福建师范大学学报(哲学社会科学版),2005(01):140-143.

[50] 徐颖,魏慎莹.指向创新素养培育的初中物理跨学科实践学习——以“柳哨声声”教学为例[J].物理教学,2023,45(09):38-42+23.

[51] 徐颖.支架式教学在初中物理课程中的实践与思考——以“磁现象磁场”教学为例[J].中学物理,2023,41(12):25-30.